人気料理人が教える
おかず決定版

笠原将弘 ザ・ベスト

はじめに

「どうすれば、料理が上手になりますか?」
よく聞かれる質問です。僕は、いつもこう答えます。
「楽しく作ることですね」
そっけない答えのように思われるかもしれませんが、
僕は、これが一番大事なことだと思っています。
いやいや作った料理、怒りながら作った料理、
不安な気持ちで作った料理、
絶対においしくは仕上がらないでしょう。
食べる人の喜ぶ顔を想像しながら、
ワクワク楽しい気分で作った料理は、
絶対においしくなります。
あの食材とあの食材を組み合わせたら、
この調味料を足したら、もっとおいしくなるかな?

この器にこんな風に盛りつけたら、おしゃれかな？料理をしている時の僕の頭の中はいつもこんな感じ。楽しくて楽しくて仕方ありません。

『おかずのクッキング』の連載をまとめたこの本は、こんな風に考えて作り出した僕の自慢のレシピをこれでもか‼︎というほど、詰め込んだ豪華な一冊です。

毎日のおかずに。おつまみに。ホームパーティーに。必ず役立つ最高傑作レシピばかり。

この本を読みながら、みなさんもワクワクドキドキしながら笑顔で料理してみてください。

気づいたら、料理上手になっていますよ！

賛否両論　笠原将弘

笠原将弘 ザ・ベスト 目次

人気料理人が教える
おかず決定版

2 はじめに

PART 1 笠原 ザ・ベストテン

- 8 鶏肉のチューリップ揚げ
- 10 鯛茶漬け
- 11 大人ポテサラ
- 12 ひと口おいなりさん弁当
- 14 土鍋ステーキご飯
- 15 アジのポテサラにぎり
- 16 鶏肉のどて煮仕立て
- 17 輪切りバターコーン
- 17 豚バラレタス
- 18 冷やしトマトエビチリ

PART 2 あとはご飯で食事になる！笠原 ザ・定番おかず

鶏の照り焼き 20
- 22 鶏のごぼう照り焼き
- 23 鶏むね肉のにんにく照り焼き

豚肉のしょうが焼き 24
- 26 豚こまの黒ごましょうが焼き
- 27 豚こまのにんじんしょうが焼き

鶏のから揚げ 28
- 30 鶏のから揚げ きゅうりおろしがけ
- 31 鶏のおかか揚げ

鶏つくね 32
- 33 鶏つくねとじゃがのスープ煮
- 34 鶏つくねの柚子こしょうあん
- 35 豚にらつくね

ハンバーグ 36
- 38 きんぴらハンバーグ
- 39 谷中しょうがメンチカツ

焼き豚 40
- 41 梅酒焼き豚
- 42 焼き酢豚
- 43 ねぎだれ焼き豚

ゆで鶏 44
- 46 ロールゆで鶏甘辛味
- 47 辛子手羽先

角煮・味噌漬け他 48
- 48 豚の角煮
- 50 牛西京味噌漬け焼き
- 52 蒸し豚 キャベツ包み
- 53 鶏ささ身の味噌漬け

とんカツ 54
- 56 梅じそミルフィーユカツ
- 57 ロール夏野菜カツ

豚肉のソテー他 58
- 58 豚肉のソテー マスタード醤油
- 60 豚肉のソテー なすソース
- 61 豚肉とせりの焼きしゃぶ

62 魚のフライパン煮
- 62 サバの味噌煮
- 62 サバのくるみ味噌煮
- 63 サバ大根
- 64 サバ大根
- 64 ブリ大根

65 魚の南蛮漬け・あんかけ
- 65 サワラの南蛮漬け
- 66 タイのから揚げ キャベツあんかけ
- 67 サンマのから揚げ きのこのこあんかけ

68 魚介の揚げもの
- 68 タイのおかき揚げとエビの金ぷら
- 70 タイとたけのこのから揚げ
- 71 牡蠣（カキ）のいそべ揚げ

72 ポテトサラダ

74 野菜の煮もの
- 74 ふろふき大根 2色味噌
- 75 大根の含め煮 カニあんかけ
- 76 かぼちゃ、ミニトマト、いんげんの炊き合わせ
- 78 トマトの梅煮
- 79 新さつまいものレモン煮
- 80 若竹煮

PART 3
簡単でもおいしくできる！

サッと作れる！ 時短レシピ

82 玉子丼
- 82 あぶり鶏の親子丼
- 84 鶏そぼろ炒り卵丼

86 卵焼き
- 88 とうもろこしの卵焼き
- 88 そら豆の豆乳卵焼き

90 肉と野菜の10分まで煮
- 90 鶏豆腐
- 91 冬瓜（とうがん）と鶏手羽の梅煮
- 91 鶏肉とにんにくの照り煮

92 豚バラでさっと満足おかず
- 92 長芋の豚肉巻き 梅照り焼き
- 93 ふきと豚バラの炒め煮
- 93 豚バラとささがきごぼうの小鍋

94 牛肉でバリューメニュー
- 94 貝割れ菜の牛肉巻き焼き
- 95 牛肉と玉ねぎの塩すき焼き
- 95 牛肉ときのこのしぐれ煮

96 肉の揚げもの♡
- 96 豚ねぎ天と紅しょうが天
- 96 いそべハムカツ
- 97 チキンカツ なめたけソース

98 野菜ひとつのおかず
- 98 焼き辛子れんこん
- 99 ミニトマトの梅あえ
- 99 かぼちゃの田舎煮
- 100 なすのたたき
- 101 麻婆翡翠（ひすい）なす
- 101 オクラの梅マヨネーズ
- 102 湯びきレタス ごまソース
- 103 冬瓜マリネ
- 103 焼きピーマンのりあえ
- 104 きつねレタス
- 105 カリフラワーの土佐煮
- 105 じゃがいもと塩辛のグラタン

106 人気サラダを自分好みに
- 106 白菜スティック 鶏味噌ディップ
- 107 桜えびと春豆の卵サラダ
- 107 ポテきゅう

人気料理人が教える
おかず決定版

笠原将弘 ザ・ベスト 目次

PART 3

サッと作れる！時短レシピ
かんたんでもおいしくできる！

- 108 とうもろこしの岩石揚げ
- 109 新しょうがと豚こまのかき揚げ
- 109 キャベツと桜えびのかき揚げ

至福の野菜5分揚げ 110

刺身でパパッと！

- 110 カツオ片面焼き 梅らっきょうだれ
- 111 マグロの小ねぎ納豆サラダ
- 111 酔っぱらいガツオ オクラ添え
- 112 ブリアボカドのり巻き
- 112 いぶりがっこカルパッチョ
- 113 ごまブリ
- 114 アジの2種たたき
- 114 アジの塩わさびなめろう
- 115 アジと焼きなすカルパッチョ
- 116 イカにんじん
- 116 切り干し大根とタコの酢漬け
- 117 紅白タコなます

フライパンでカリッと！焼き魚 118

- 118 サバのカリカリ焼き
- 119 タイと玉ねぎのソテー
- 119 タイの酒盗焼き

ワザあり！豆腐料理 120

- 120 豆腐のおかか焼き たっぷり薬味のせ
- 120 アサリだし 豆腐のおひたし

PART 4

何度もリピートしたくなる 絶品！ご飯もの

- 122 梅のおにぎり
- 122 味噌焼きおにぎり
- 123 梅とろろかけご飯
- 123 すだち飯
- 124 根菜和風カレー
- 125 鯛めし
- 126 トマトの炊き込みご飯
- 126 かぼちゃの炊き込みご飯
- 127 豚肉と根菜の炊き込みご飯

だし汁のとり方（作りやすい分量）

鍋に昆布7cm角（約5g）、削り節15g、水500mlを入れて中火にかける。煮立ったら弱火にして5分ほど煮る。ざるなどでこし、残った削り節は玉じゃくしの背で押して絞る。冷蔵庫で3〜4日間保存可。

この本の使い方

この本の表記について
- ●1カップ＝200ml、大さじ1＝15ml、小さじ1＝5mlです。
- ●火加減は、特に表示のない場合は中火です。
- ●野菜は通常除くヘタや種、皮、根元は除きます。
- ●フライパンは、フッ素樹脂加工のものを使っています。
- ●作り方に出てくる「だし汁」は、特に表示のないものは、昆布・かつおだしです（左記「だし汁のとり方」参照）。市販の和風だしを使う場合には、パッケージの表示通りに水で薄めて使用してください。

笠原 ザ・ベストテン

PART 1

1	鶏肉料理ナンバー1はこれ!!
2	王道に隠し味!いい味出してます
3	みんな好きでしょ!大人の楽しみ
4	永遠の定番をぎゅぎゅっと弁当に
5	ドド～ンと牛肉!ノックアウト大歓迎!
6	フレンチの定番でビジュアル系和食
7	郷土の味・みそ味・新発見!
8	ちっちゃな頃から好きでした
9	逆転の発想で生まれた〇〇の肉巻き
10	食べてびっくり!? 夏の新定番

和食のおいしさ、楽しさを
もっと身近にしたいというのが
長年、一貫している僕の思い。
家庭向けのレシピは、
作りやすくておいしくできる、
その料理で会話が弾む、盛り上がる、
そんなことを大切にしています。

この10品は、家族のレシピあり、
自分のアイデアあり、
外食からヒントを得たものもありと
選んだ理由はさまざまです。
一度作って食べれば、また作りたくなる。
そんな自信作ばかりです。

笠原ザ・ベストテン 1

鶏肉のチューリップ揚げ

から揚げといえば、親父の店「とり将」の「鶏肉のチューリップ揚げ」。そのまま食べてもおいしいから揚げを「とり将」特製の合わせ酢に熱々のうちに漬けると、香り豊かに味が深まって、冷めてもおいしく食べられます。

子どもの頃に当たり前に食べていた料理が、自分が料理人になってみると当たり前ではなく、作り手の創意工夫によって作られていたことに気づかされた一品です。親父の料理を作るたび、学んだり、発見があったり、センスあるなぁと感心したり。親父、おふくろ、おばあちゃん。大人になると、家族が作ってくれた料理の意味がわかります。

> 料理をよりおいしく、食べる人を喜ばせる味を追求していた親父の仕事に、今も刺激を受け続けています。そんな象徴的な一品です。

材料（2人分）

鶏手羽先 … 8本
〈合わせ酢（混ぜ合わせる）〉
　水、醤油、酢 … 各50㎖
　みりん … 20㎖
　昆布 … 3g
　長ねぎ（みじん切り）… ½本
　白炒りごま … 大さじ1
片栗粉、揚げ油 … 各適量
一味唐辛子 … 少々
［つけ合わせ］
キャベツ（せん切り）、トマト（くし形切り）… 各適量

1人分 323kcal　塩 2.7g

作り方

1. 鶏手羽先は水気を拭き、チューリップを作って（下記参照）、片栗粉をたっぷりまぶす。

2. 170℃の揚げ油で、空気に触れさせながら3〜4分揚げ、油をきる。揚げたてを合わせ酢に漬け、全体にからめるように混ぜる。器に盛り、一味唐辛子をふる。

だから旨い!
揚げたらバットにとらず、そのまま合わせ酢へ。熱々で味をからめるから、肉にしみます。

チューリップの作り方

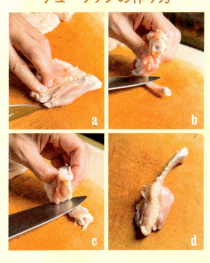

手羽先の先の細い部分を、関節で切り落とす。皮を引っ張るようにつまんで、細い骨の上側から包丁を入れ（a）、細い骨を肉から切り離す（b）。残った太い骨にそって切り目を入れる。骨と肉の間に包丁を入れ、肉を途中まで切り離す（完全には切り離さない）（c）。骨の一方に肉を寄せ集めて、チューリップの形に整える（d）。

鯛茶漬け

笠原ザ・ベストテン 2

材料（2人分）

温かいご飯 … 300g
タイ（刺身用さく）… 100g
〈ごまだれ（作りやすい分量）〉
　カシューナッツ（無塩）
　　… 100g
　白練りごま … 50g
　醤油 … 大さじ5
　酒 … 100ml
　みりん … 大さじ2
練りわさび … 少々
A｜もみのり … 適量
　｜三つ葉（刻む）… 3本
　｜ぶぶあられ … 10g
熱々の緑茶 … 適量

1人分 396kcal　1.0g

作り方

1. カシューナッツを香りが立つまでから炒りし、フードプロセッサーに入れ、他のごまだれの材料を加えて回し、ペースト状にする。

2. タイは一口大のそぎ切りにして器に盛り、1を添えて、わさびをのせる。Aとご飯を添える。

3. 刺身にごまだれをつけてご飯といただき、途中から緑茶をかけてお茶漬けでいただく。

memo
ごまだれは、清潔な保存容器に入れ、冷蔵庫で1週間保存可。しゃぶしゃぶ、蒸し鶏・蒸し豚、生野菜、ゆで野菜、冷ややっこなどにも合います。

店で出す鯛茶漬けの味の決め手は、カシューナッツ。色々なナッツで試した結果、鯛に一番よく合いました。伝統は革新とともにあり。これは日本料理の精神です。最初は白いご飯を一口、次にたれをつけた鯛とともに、そしていよいよお茶漬けにして、一杯で3倍以上楽しんでください。

タイを生かすたれを追求して生まれた自信作。王道の鯛茶漬けを現代的にアレンジしたお気に入り。

笠原ザ・ベストテン 3

大人ポテサラ

料理の中でも自由な発想でアレンジしがいがあるのがサラダ。「和」＆「酒」のお題をクリアしたのがこの一品です。香り豊かにさらりと楽しめ、箸が止まりません。

人気メニューのポテサラを趣向を変えて酒のつまみに。食べると、おいしい発見がありますから。

材料（2人分）

じゃがいも（男爵）… 大2個
塩 … 少々

A
- 酢 … 大さじ1
- 砂糖、塩 … 各小さじ½

B
- 青じそ（粗みじん切り）… 5枚
- みょうが（小口切り）… 2個
- 塩昆布（粗く刻む）… 10g
- マヨネーズ … 大さじ3
- 練りわさび … 小さじ⅓

白炒りごま … 適量

1人分 241kcal　塩 3.1g

作り方

1. じゃがいもは皮をむいて一口大に切り、塩を入れたたっぷりの水に入れて火にかけ、ゆでる。竹串がスーッと通るまでやわらかくなったら、湯をきり、鍋に戻す。火にかけて鍋をゆすり、水分をとばして粉ふきいもにする。熱々のうちにAを順に入れて混ぜ、下味をつける。

2. ボウルにじゃがいも、Bを入れ、木べらで軽くつぶすように混ぜ、器に盛って白ごまをふる。

笠原ザ・ベストテン 4
ひと口おいなりさん弁当

行楽や運動会のお弁当に。和食の定番がギュッと詰まった、こういう弁当が好きなんです。

弁当は「和弁当」派。和のおかずは冷めてもおいしいものが多く、お弁当向きです。おかずは、蓋を開けた時に喜ばれる人気ものを。焼き鳥、から揚げといった肉おかずに、甘い卵焼き。彩りに青菜のおひたし。ご飯ものには、根強い人気のおいなりさんを簡単にひとアレンジ。甘い煮汁がじゅわっと広がるお揚げさんですし飯を巻いて、食べやすいひと口サイズに。場が確実に盛り上がるし、知っておくといい料理がギュッと詰まってます。

4種のすし飯を俵形に握って、お揚げさんで巻くだけ
ひと口おいなりさん

材料（2人分）
油揚げ … 2枚
〈煮汁〉
　水 … 300㎖
　醤油、みりん、砂糖
　　… 各大さじ2
温かいご飯 … 300g
〈すし酢（混ぜ合わせる）〉
　米酢 … 大さじ2½
　砂糖 … 大さじ1
　塩 … 小さじ1
くるみ（無塩・みじん切り）
　… 10g
しば漬け（みじん切り）
　… 10g
小ねぎ（小口切り）… 2本
削り節 … 3g
しらす干し … 10g
1人分 485kcal　塩 4.4g

卵焼き
レシピは、86ページ

作り方

1. 油揚げを湯にくぐらせて油抜きして水分を絞る。別の鍋に煮汁の材料、油揚げを入れ、一度煮立たせ、アルミホイルで落とし蓋をして10分ほど弱火で煮て、バットに上げて煮汁をきる。

2. 飯台に温かいご飯を広げてすし酢を回しかけ、うちわであおぎながら、しゃもじで切るように混ぜてすし飯を作り、4等分に分ける。

3. 小ねぎは削り節と混ぜる。すし飯のそれぞれにくるみ、しば漬け、ねぎおかか、しらす干しを混ぜ合わせる。それぞれ4等分して小さめの俵形に握る。

4. 油揚げは切り開き、1枚を8等分に切る。油揚げで3を巻く。

だから旨い！

すし飯を握ってお揚げさんで巻くだけなので、詰めるより簡単。

油揚げの切り方

油揚げ1枚を切り開いて2枚にする。
それぞれを4等分に切る

季節の青菜を使って、おひたしに季節感を。

菜の花おひたし

材料（2人分）

菜の花 … 1束
塩 … 少々
〈漬け汁〉
　だし汁 … 200mℓ
　薄口醤油、みりん … 各大さじ1

1人分 41kcal　塩 0.9g

作り方

1. 鍋に漬け汁の材料を入れて火にかけ、煮立ったら火を止め、そのままおいて冷ます。
2. 鍋にたっぷりの湯を沸かし、塩、菜の花を入れて1分ほどかために下ゆでし、ざるに上げて水気をしっかりと絞る。漬け汁に菜の花を1時間以上漬ける。弁当に詰める前に汁気を絞る。

塩味で焼くと、旨みと味が際立ちます。

ひと口焼き鳥

材料（2人分）

鶏もも肉 … 1枚（300g）
塩 … 少々
酒 … 大さじ2
サラダ油 … 大さじ1

1人分 331kcal　塩 1.2g

作り方

1. 鶏肉は小さめの一口大に切り、皮を下にして串に刺し、両面に塩をふる。
2. フライパンにサラダ油を熱し、皮を下にして鶏串を入れ、香ばしく焼けたら裏返す。焼き色がついたら酒をふり、蓋をして弱火にし、1～2分蒸し焼きにする。

土鍋ステーキご飯

笠原ザ・ベストテン 5

ご飯は土鍋で炊くのが一番。これは中でも、年代問わず喜ばれる味と豪華さを兼ね備えた一品です。

蓋を開けて歓声が上がる、白ご飯に牛ステーキ。ご飯も肉も引き立つ最高の組み合わせです。脂が甘い牛ステーキにバター醤油でもう充分。ですが、ご飯を愛する笠原は、それではとどまりません。牛肉に合うごぼう、春菊の香り、なめらかな卵黄を。どんな人にも喜ばれるご飯ものです。

材料（4〜6人分）

- 牛肉（ロース、サーロインなどステーキ用）… 2枚
- ごぼう … 100g
- 春菊 … ½束
- 米 … 3合
- A （混ぜ合わせる）
  - 水 … 520㎖
  - 酒 … 50㎖
  - 薄口醤油 … 大さじ2
  - 昆布 … 5g
- B 酒、醤油、みりん … 各大さじ1
- C 卵黄 … 1個
  - 白炒りごま … 大さじ1
  - 醤油 … 小さじ1
- バター（4つに切る）… 20g
- 塩、粗びき黒こしょう … 各適量
- サラダ油 … 大さじ1

全量 3471kcal　12.3g

作り方

1. 米は洗って30分浸水させ、ざるに上げる。ごぼうはささがきにしてさっと水で洗う。土鍋に米、ごぼう、Aを入れて蓋をして火にかける。沸いたら中火で5分、弱火にして15分炊いて火を止め、5分蒸らす。

2. 春菊は塩少々を入れた湯でさっとゆでて水にとり、しっかりと水気を絞って、ざく切りにし、Cであえる。

3. 牛肉に塩適量をふる。フライパンにサラダ油を強めの中火で熱し、牛肉を好みの加減に焼き、Bを加えて煮からめる。一口大に切ってご飯にのせ、春菊をちらし、黒こしょうをふる。食べる直前にバターをのせて溶かす。

アジのポテサラにぎり

笠原ザ・ベストテン 6

材料（2人分）

- アジ（刺身用・三枚におろしたもの）… 1尾
- A（混ぜ合わせる）
  - 醤油 … 大さじ1
  - みりん … 小さじ1
- じゃがいも（男爵）… 1個
- ゆで卵（かたゆで）… 1個
- B
  - マヨネーズ … 大さじ1
  - 薄口醤油 … 小さじ1
  - 小ねぎ（小口切り）… 2本
- おろししょうが … 10g
- 塩 … 少々

1人分 177kcal　塩 1.7g

作り方

1. じゃがいもは皮をむき、やわらかくなるまで塩ゆでする。鍋の湯を捨て、から炒りしながら水気をとばし、粉ふきいもにしてマッシャーでつぶし、粗熱をとる。
2. ゆで卵は粗みじん切りにする。ボウルに入れ、1、Bを加えてよく混ぜる。
3. アジは皮をはぎ、小骨があれば除いて1枚を3〜4つに切り、Aに漬ける。
4. 手にサラダ油少々（分量外）を塗り、2を一口大に丸めてアジをのせ、すしを握るように形を整える。器に盛り、しょうがをのせる。

見た目で遊んで、味は王道。自由な発想を形にできる楽しさが料理にはあるんです。

料理は、遊び心も大事だと考えています。その意外性で食べる人を喜ばせたいから。この料理は、"握りずし"の見た目ながら、食材はフレンチのテリーヌやマリネで定番の組み合わせ。脂ののったアジをポテサラが引き立てる相性のよさ。そこまでしますか!?って盛り上がるでしょ。

鶏肉の どて煮仕立て

笠原ザ・ベストテン 7

各地の知恵がつまった郷土料理は、おいしい。いい料理は、もっと知ってもらいたいですからね。

各地で昔から愛されている郷土料理は、単純に旨いし、味つけや調理法に発見があります。家で食べれば旅行したような気分になれるし、作りやすくアレンジして、僕がお世話になった各地の魅力を食から知ってもらえれば、という気持ちもあります。どて煮は濃厚であってこそ。味噌は赤味噌、砂糖は照りとコクが出るザラメ糖で現地の味をぜひ。

材料（4人分）

鶏もも肉 … 1枚
こんにゃく … 1枚
ゆで卵 … 4個
A｜赤味噌 … 150g
　｜ザラメ糖 … 100g
　｜酒、みりん … 各大さじ2
　｜醤油 … 大さじ1½
だし汁 … 500㎖
長ねぎ（小口切り） … ⅓本
七味唐辛子 … 少々

1人分 274kcal　塩 2.4g

作り方

1. 鶏肉は小さめの一口大に切り、串に刺す。こんにゃくは2㎝角に切り、水から下ゆでして串に刺す。各4串作る。

2. フライパンにAを入れて弱火にかけ、木ベラで練る。ツヤが出たらだし汁を少しずつ加えてのばす。鶏串、こんにゃく串、ゆで卵を加えて煮立て、弱火にして30分煮る。煮汁が足りなければ、水（分量外）を適宜足す。器に盛り、長ねぎ、七味唐辛子を添える。

芯に甘みと旨みがあるとうもろこしは、切って焼くと、さらに甘く旨くなる。そして食べやすい。味つけは、バター醤油で王道に。

笠原ザ・ベストテン 8

輪切りバターコーン

材料（2人分）

とうもろこし … 2本
バター … 20g
醤油 … 小さじ1

1人分 215kcal　塩 0.7g

作り方

1. とうもろこしは2cm幅の輪切りにし、フライパンに断面を並べて火にかけ、両面を焦げ目がつくまで焼き、側面もさっと焼く。

2. バターを加えてからめ、醤油を回しかけて香りづけする。

笠原ザ・ベストテン 9

豚バラレタス

材料（2人分）

豚バラ薄切り肉 … 200g
レタス … ¼個
塩 … 少々
A （混ぜ合わせる）
　トマト（湯むきしてざく切り） … 1個
　レモン汁 … ½個分
　はちみつ、酢、薄口醤油、サラダ油
　　… 各大さじ1
サラダ油 … 大さじ1
粗びき黒こしょう … 少々

1人分 527kcal　塩 2.1g

作り方

1. レタスは1枚ずつはがし、水につけてシャキッとさせる。水気をきり、横長に重ねてくるくる巻く。豚肉を1枚ずつ端から巻いてレタスを包み、全体に塩をふる。

2. フライパンにサラダ油を熱し、肉巻きを転がしながら全面に香ばしい焼き色がつくまで焼く。輪切りにして器に盛り、Aをかけ、黒こしょうをふる。

野菜の肉巻きを逆転の発想でトライしたら、ホームランの料理が。カリッと香ばしい豚バラに、シャキシャキと歯ざわりのいいレタス。ボリュームがあるように見えて軽やか。こういうことがあるから、料理は楽しいんです。

冷やしトマトエビチリ

笠原ザ・ベストテン 10

材料（2人分）

- トマト…2個
- A
  - しょうが（みじん切り）…10g
  - にんにく（みじん切り）…1片
  - 長ねぎ（みじん切り）…¼本
  - 薄口醤油、サラダ油…各大さじ1
  - 砂糖…大さじ1½
  - 豆板醤…小さじ1
- エビ（殻つき）…8尾
- 塩…少々
- 酒…大さじ1
- 片栗粉…適量
- レタス（細切り）…2枚
- 粗びき黒こしょう…少々

1人分 173kcal　塩 2.0g

作り方

1. トマトは、皮を湯むきして1個はくし形に切る。もう1個は大きめのボウルにすりおろし、くし形のトマト、Aを混ぜ合わせる。

2. エビは殻と背ワタを除き、塩、酒をもみ込み、水でさっと洗って水気を拭き、片栗粉をまぶす。火が通るまでゆでて冷水にとり、水気を拭き、1とあえる。器にレタスとともに盛り、黒こしょうをふる。

ふつうは、熱々で食べるエビチリを夏仕様に。温度によって味や香りが変わり、意外性のある一品に。

一口食べて、熱くない！という驚きと、これイケるね！という意外性がこの料理のキモですね。すりおろしたトマトでくし形に切ったトマトをあえる「ともあえ」という和食の手法を取り入れ、味はエビチリとガスパチョのいいとこどり。作るのも簡単で涼しいと、作る人にもやさしい料理。ぜひ夏の新定番に。

PART 2
あとはご飯で食事になる！
笠原ザ・定番おかず

僕にとっての「和食」は、ご飯がおいしく食べられる食事のこと。おいしく炊けたご飯に、パパッとできるご飯に合うおかずがあって。それがクリアできていれば、もう立派な和食です。作れば（作っている人はすでに）わかると思いますが、できたて熱々のおかずは、それだけでごちそう。肉のジューシー感、魚のふんわり感、野菜の甘み、醤油の香ばしさ、味噌の香り…。今日は、味が濃いとか、薄いとか、大したことじゃ、ありません。だから、家庭の料理は、毎日、食べ飽きないし、食べ疲れない。とはいえ、同じ時間をかけて作るなら、おいしいのが一番。というわけで、おいしく作るコツどころをこの本で包み隠さず、ご紹介します。それ以外の部分はどうぞ気楽に。まずはおかず一品にご飯を添えて。野菜は添えたり、ひと鍋で一緒に仕上げているので、充分、満足できる食事になります。

鶏の照り焼き

鶏肉料理としてまずは押さえておきたい照り焼きを。フライパンひとつで至福のおいしさが楽しめますから、知らなきゃソン。ご飯のおかずにも、おつまみ、お弁当のおかずにと大活躍です。

材料（2人分）

- 鶏もも肉 … 1枚（250g）
- ししとう … 4本
- 塩 … 適量
- 〈照り焼きだれ（混ぜ合わせる）〉
  - 醤油、みりん、酒、水 … 各大さじ2
  - 砂糖 … 小さじ1
- サラダ油 … 大さじ1
- 粉山椒 … 少々
- ［つけ合わせ］
- 大根おろし … 適量
- 長ねぎ（斜め薄切り）… 1/3本
- 水菜（3〜4cm長さに切る）… 1株

1人分 368kcal　**塩** 2.9g

作り方

1 フライパンにサラダ油、鶏肉を皮を下にして入れ、押さえて平らにする。中火にかけ、8〜10分皮をパリッと香ばしく焼く。裏返して少し火を弱めて身を5〜6分焼く。途中、ししとうを入れ、焼けたら取り出して塩をふる。

2 フライパンの脂を拭き、照り焼きだれを加えて半量まで煮つめ、鶏肉を裏返して皮にさっとからめる。再度、裏返して粉山椒をふる。

3 鶏肉を食べやすく切って器に盛り、たれをかけ、ししとうを添え、粉山椒をふる。

［プロのひと技］

鶏肉は切り目を入れて厚みをそろえると熱が均一に入ります。皮を下にして入れて押さえ、鍋底にぴったりつけてから火を入れると、身が反りにくくなります。

コツ｜1　皮から、香ばしくパリッと焼いて火入れの極意は「皮7割、身3割」

皮から火を入れることで身に間接的にやわらかく火が入り、肉がジューシーに焼けます。皮の香ばしさが照り焼きのおいしさに欠かせないので、パリッと香ばしい焼き色がつくまで（8〜10分）は、ほったらかしで。"鶏焼き"は、皮がきちんと焼けたら、8割がたおいしく仕上がります。

コツ｜2　たれで煮るのではなく、肉を焼いてたれをさっとからめる

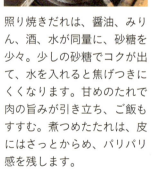

照り焼きだれは、醤油、みりん、酒、水が同量に、砂糖を少々。少しの砂糖でコクが出て、水を入れると焦げつきにくくなります。甘めのたれで肉の旨みが引き立ち、ご飯もすすむ。煮つめたたれは、皮にはさっとからめ、パリパリ感を残します。

パリッと香ばしい鶏皮を嚙むと
甘くてキレのいい照り焼きだれと
鶏肉の旨みが広がります。

鶏のごぼう照り焼き

ごぼうでアレンジ

豊かな香りが楽しめます。
とろりと黄身をからめてまろやかに。

材料（2人分）

鶏もも肉 … 1枚（250g）
ごぼう … 100g
〈照り焼きだれ〉
　醤油、みりん、酒、水
　　… 各大さじ2
　砂糖 … 小さじ1
サラダ油 … 大さじ1
温泉卵（市販）… 1個
三つ葉（みじん切り）… 3本
大根おろし … 大さじ4

1人分 425kcal　塩 2.9g

プロのひと技
鶏肉を皮から焼き、身の下半分が白くなったら、焼き色のチェック時。

作り方

1. ごぼうは皮をよく洗ってすりおろし、照り焼きだれの材料と混ぜ合わせる。三つ葉は大根おろしとあえる。

2. フライパンにサラダ油、鶏肉を皮を下にして入れ、押さえて平らにする。中火にかけ、皮をパリッと香ばしく焼く。裏返して少し火を弱めて身を5〜6分焼く。フライパンの脂を拭き、1のたれを加えて半量まで煮つめ、鶏肉を裏返して皮にさっとからめる。食べやすく切って器に盛り、温泉卵、1の大根おろしを添える。

たれにごぼうを

ごぼうはつけ合わせにせずに、すりおろしてたれに使います。冷蔵庫に残ったごぼうで香り高く。皮はこそげず、香りと栄養を生かします。

むね肉でアレンジ
鶏むね肉のにんにく照り焼き

鶏むね肉は、小麦粉をまぶしてふんわりジューシーに。
ほんのりにんにく風味で鶏むね肉に旨みのアクセントを。

材料（2人分）

鶏むね肉 … 1枚（250g）
小麦粉 … 適量
おろしにんにく … 小さじ1
〈照り焼きだれ〉
　醤油、みりん、酒、水
　　… 各大さじ2
　砂糖 … 小さじ1
サラダ油 … 大さじ1
白炒りごま、一味唐辛子
　　… 各適量
［つけ合わせ］
レタス（せん切り）、トマト（くし形切り）… 各¼個

1人分 315kcal　塩 2.7g

作り方

1. にんにくを照り焼きだれと混ぜ合わせる。鶏肉は皮を除いて縦半分に切り、1cm厚さのそぎ切りにして小麦粉を薄くまぶす。

2. フライパンにサラダ油を強めの中火で熱し、鶏肉を両面に焼き色がつくまでさっと焼いて取り出す。

3. 2のフライパンに1のたれを入れて煮つめ、とろみが出たら鶏肉を戻し入れ、さっと煮からめる。器に盛り、たれをかけ、白ごま、一味唐辛子をふる。

小麦粉でカリッと

鶏肉に薄く小麦粉をまぶすと焼き目がつきやすく、たれもからみやすくなります。小麦粉がカリッとする分、肉がふんわりやわらかく感じます。

プロのひと技
鶏むね肉は火が入りすぎるとかたくなるので、焼き色をつけたら一度取り出します。

豚肉のしょうが焼き

昨日が照り焼きなら、今日はしょうが焼きっていうくらい人気の肉料理。笠原流は、豚肉はしょうが焼き用を使わず、バラの薄切りを使い、たれに肉を漬けずに、焼いた肉にからめるから、焼き上がりがやわらかくジューシー。玉ねぎを入れるのは親父ゆずり、と語りどころ満載の一品です。

コツ 1

豚肉はたれに漬けずに、さっと焼いてたれをからめるから、やわらかい

豚肉をたれに漬けると少しかたくなり、焦げやすいので、焼いてからたれをからめます。玉ねぎを炒めて旨みと甘みを出してから豚肉を炒めるのは、親父の料理から。とろりとした玉ねぎで豚肉がよりおいしくなります。

コツ 2

しょうがは、おろしで旨みを、せん切りで香りを残す二刀流

たれに入れるしょうがは、旨みが広がりやすいようにおろししょうがで。炒めていると香りがとぶので、それを補うために仕上げにせん切りを。食感とともに爽やかにしょうがが香ります。

材料（2人分）

豚バラ薄切り肉 … 250g
玉ねぎ（縦薄切り）… ½個
しょうが … 30g
サラダ油 … 大さじ2
〈たれ（混ぜ合わせる）〉
　醤油、みりん、酒
　　… 各大さじ3
　はちみつ … 小さじ1
　一味唐辛子 … 少々
[つけ合わせ]
キャベツ（せん切り）… ⅙個
ミニトマト … 4個
パセリ … 少々
マヨネーズ … 大さじ2

1人分 825kcal　**塩** 4.3g

作り方

1 しょうがは半量はすりおろし、半量をせん切りにする。たれにおろししょうがを入れて混ぜ合わせる。豚肉は5cm幅に切る。

2 フライパンにサラダ油を熱し、玉ねぎを炒める。しんなりしたら豚肉を加え、焼き色がつくまで焼く。キッチンペーパーで余分な脂を拭き、1のたれを加えて炒め合わせ、せん切りにしたしょうがを加えてさっと炒める。

旨みあふれる豚肉、甘い玉ねぎを食べ、
しょうがの香りがきいたたれがしみたキャベツを
ご飯と食べ、と至福の味。

> 黒ごまでアレンジ

豚こまの黒ごましょうが焼き

豚肉と相性がいい玉ねぎの甘みを合わせ、甘辛だれを香りのいい黒ごまに吸わせて濃厚に。

材料（2人分）

豚こま切れ肉 … 200g
玉ねぎ（縦薄切り）… 1/4個
〈たれ（混ぜ合わせる）〉
　醤油 … 大さじ2
　酒 … 大さじ3
　砂糖、黒すりごま … 各大さじ1
　おろししょうが … 小さじ1
サラダ油 … 大さじ1
[つけ合わせ（混ぜ合わせる）]
キャベツ（せん切り）… 1/4個
青のり … 適量

1人分 362kcal　塩 2.7g

作り方

フライパンにサラダ油を熱し、玉ねぎを炒める。しんなりしたら豚肉を加え、焼き色がつくまで焼く。キッチンペーパーで余分な脂を拭き、たれを加えて炒め合わせ、全体になじんだら火を止める。

> 黒ごまで香ばしく

「しょうが焼き」だけに、豚肉には焼き色をしっかりつけること。香ばしさがつき、黒ごまだれのからみもよくなります。くれぐれも「しょうが煮」にならないように。

豚こまのにんじんしょうが焼き

にんじんでアレンジ

たれにおろしにんじんを混ぜると、しょうがの香りとも合い、旨みと香りが豊かに。

材料（2人分）

豚こま切れ肉 … 200g
玉ねぎ（縦薄切り）… ¼個
にんじん … 200g
〈たれ（混ぜ合わせる）〉
　醤油 … 大さじ2
　みりん … 大さじ1
　酒 … 大さじ3
　おろししょうが … 小さじ1
サラダ油 … 大さじ1
[つけ合わせ]
キャベツ（せん切り）… ¼個
ミニトマト … 4個

1人分 396kcal　塩 2.8g

作り方

1. にんじんは皮ごとすりおろす。

2. フライパンにサラダ油を熱し、豚肉を焼き色がつくまで焼く。キッチンペーパーで余分な脂を拭き、玉ねぎを加えて炒め、しんなりとしたらにんじんを加え、香りが立つまで炒める。たれを加えて炒め合わせ、全体になじんだら火を止める。

炒めて甘みを出す

にんじんは炒めて甘みを引き出してから、たれを加えると、味がまろやかにまとまります。

鶏のから揚げ

年代問わず、どんなシーンでも喜ばれる鶏のから揚げ。どんな味つけでも、鶏肉の衣づけがひとつのボウルでできる、長年作り続けているこの作り方は本当に簡単。熱々はジューシーな鶏の旨みが楽しめ、冷めてもおいしいんですよ。

コツ 1
ジューシーに揚がる鶏もも肉で。下味に漬け込まずに、もみ込んでやわらかく

から揚げは、ジューシーに揚がる鶏もも肉が好みです。下味は、醤油とみりんが同量のほんのり甘めが笠原流。長い時間漬けずに、手でまんべんなく全体にもみ込むと、肉が締まらず、やわらかく揚がります。

コツ 2
二度揚げで段階的に火を入れ、カリッとジューシーに

いきなり高温で揚げると鶏肉の表面は焦げ、半生になりがち。160℃の低めの油温で揚げ、鶏肉の中までやさしく火を入れたら、一度引き上げ、休ませている間に余熱で火を通します。その後、180℃の高温で揚げ、衣の水分をとばして表面をカリッとさせます。

材料（2人分）

鶏もも肉 … 300g
〈下味〉
　醤油、みりん
　　… 各大さじ1½
　粗びき黒こしょう … 少々
溶き卵 … 1個分
小麦粉 … 大さじ1
片栗粉、揚げ油 … 各適量
［つけ合わせ］
レモン（くし形切り）… 1切れ

1人分 444kcal　**塩** 1.8g

作り方

1 鶏肉は一口大に切り、下味をもみ込む。溶き卵、小麦粉をもみ込み、片栗粉をまんべんなくまぶす。

2 160℃の揚げ油で3分揚げて引き上げ、油の温度を180℃にして二度揚げする。菜箸で転がして空気に触れさせながら1分揚げて、油をきる。

プロのひと技

衣がカリッとしていると、鶏肉をよりやわらかく感じるもの。二度目に揚げる時は、高温で空気に触れるようにかき混ぜながら揚げ、衣の水分をとばせばカリッとします。

いろいろ作りましたが、鶏肉の風味を生かす
このシンプルな味つけが気に入っています。
ほんのりみりんの甘みをこしょうの香りで引き締める、
ご飯のおかずからおつまみまで守備範囲の広い仕上がりです。

きゅうりでアレンジ

鶏のから揚げ きゅうりおろしがけ

から揚げは合わせるたれで季節感を。きゅうりに甘酢、薬味を混ぜれば、見た目も涼しく、夏の味覚に。

材料（2人分）

鶏もも肉 … 300g
〈下味〉
　醤油、みりん … 各大さじ1
片栗粉、揚げ油 … 各適量
〈きゅうりおろし〉
　きゅうり（すりおろす）… 1本
　青じそ（粗みじん切り）… 5枚
　みょうが（粗みじん切り）… 2個
　酢 … 大さじ3
　砂糖 … 小さじ2
　塩 … 小さじ1
　一味唐辛子 … 少々
白炒りごま … 小さじ1
[つけ合わせ]
レタス … 2枚

1人分 408kcal　塩 4.0g

作り方

1. 鶏肉は一口大に切り、下味をもみ込んで10分おき、片栗粉をまぶす。160℃の揚げ油で3分揚げて引き上げ、油の温度を180℃にして二度揚げする。菜箸で転がして空気に触れさせながら1分揚げ、油をきる。

2. すりおろしたきゅうりはざるに上げて水気をきり、他のきゅうりおろしの材料と混ぜ合わせ、から揚げにかける。白ごまをふる。

たれにきゅうりを

青じそ、みょうがが、夏に合う甘酢と混ぜたきゅうりおろし。たれをからめる分、衣はバリッと揚げたいので、片栗粉のみで。

衣をアレンジ 鶏のおかき揚げ

柿の種を衣にすると、味が決まりやすく、衣の食感のよさに鶏肉がよりふんわり感じます。

材料（2人分）

鶏もも肉 … 300g
〈下味〉
　醤油、みりん … 各大さじ1½
　粗びき黒こしょう … 少々
柿の種 … 200g
溶き卵 … 1個分
小麦粉 … 大さじ1
揚げ油 … 適量
［つけ合わせ］
すだち … ½個

1人分 544kcal　塩 2.4g

作り方

1 柿の種をフードプロセッサーで細かく砕く。鶏肉は一口大に切り、下味をもみ込み、溶き卵、小麦粉をもみ込む。柿の種をまんべんなくまぶす。

2 鶏肉を160℃の揚げ油で3分揚げて引き上げ、油の温度を180℃にして二度揚げする。菜箸で転がして空気に触れさせながら1分揚げ、油をきる。

memo
フードプロセッサーがない場合は、柿の種をポリ袋に入れて、麺棒などで叩いて細かくしてもよい。

柿の種でおいしく

柿の種は鶏肉につきやすいように細かく砕きます。味がついている分、片栗粉より焦げやすいので薄づきに。カリッとおいしく揚がります。

鶏つくね

鶏つくねは、親父発案の笠原家自慢のレシピ。おろし玉ねぎを混ぜるから、間違いなくふんわり仕上がります。家計にやさしくて喜ばれる品。もっと作ってもらいたいですね。

コツ|1 おろし玉ねぎでふんわり、甘みと旨みあふれるつくねに

笠原家のつくねに欠かせないのが、玉ねぎ。刻みではなく、おろしです。たねにたっぷり混ぜると甘みと旨みが増し、失敗なくふんわりします。おろした玉ねぎは、汁が出なくなるまでしっかり絞りきると苦みが残りません。

コツ|2 こんがりと焼ければたれもからみやすく

しっかり焼き目をつけて、つくね自体をおいしく焼くと、その焼き目にたれがよくからみます。指で押さえてみて弾力が出ていたら、焼き上がり。ここでつまんで食べたくなるくらいまで、おいしく焼き上げます。

大根おろしであっさり。卵黄をからめてコクを。それぞれのおいしさで2倍満喫できます。

つくねをスープの具にすると、上品な鶏だしスープに。

鶏つくねとじゃがスープ煮

〈スープでアレンジ〉

材料（2人分）

〈たね〉
- 鶏ひき肉 … 300g
- 玉ねぎ … 1個（300g）
- 卵 … 1個
- 醤油、みりん、片栗粉 … 各大さじ1
- 塩 … 小さじ½
- じゃがいも … 4個
- 絹さや … 8枚

〈煮汁〉
- 水 … 1ℓ
- 昆布 … 5g
- 薄口醤油、みりん … 各大さじ2
- 塩、粗びき黒こしょう … 各少々

1人分 502kcal　塩 4.1g

作り方

1. 玉ねぎはすりおろし、さらしなどに包んでしっかりと汁気を絞る。ボウルにたねの材料を入れ、粘りが出るまでよく練り混ぜる。

2. じゃがいもは皮をむき、大きければ半分に切る。絹さやは筋を除く。

3. 鍋に煮汁の材料を入れて煮立てて弱火にし、たねをピンポン玉くらいに丸めながら入れ、3分ほど煮て火を通す。アクはすくい取る。じゃがいもを加え、弱火で火が通るまで7～8分煮る。絹さやを加えてさっと火を通し、塩で味を調える。器に盛り、黒こしょうをふる。

材料（つくね16～18個分）

〈たね〉
- 鶏ひき肉 … 300g
- 玉ねぎ … 1個（300g）
- 卵白 … 1個分
- 醤油、砂糖、片栗粉 … 各大さじ1
- 塩 … 小さじ⅓

〈たれ（混ぜ合わせる）〉
- 醤油、みりん、酒、水 … 各大さじ2
- 砂糖 … 小さじ1

- サラダ油 … 大さじ1
- 粉山椒 … 少々

［つけ合わせ］
- 卵黄 … 1個
- 大根おろし … 少々

全量 1035kcal　塩 8.5g

作り方

1. 玉ねぎはすりおろし、さらしなどに包んでしっかりと汁気を絞る。ボウルにたねの材料を入れ、粘りが出るまでよく練り混ぜる。手でたねを握って少しずつ押し出し、ピンポン玉くらいになったらスプーンですくい、小判形にする。

2. フライパンにサラダ油を熱し、つくねを片面3分ほど焼き、焼き色がついたら裏返す。裏面も同様に焼けたら、たれを加えて煮立て、とろみがつくまで全体に煮からめる。器に盛り、粉山椒をふる。

プロのひと技

たれに水を入れると、急に煮つまらないので、つくねにまんべんなく味がからみます。

薬味野菜でアレンジ

鶏つくねの柚子こしょうあん

つくねには青じそとみょうが。あんには柚子こしょう。
鶏肉と相性のよい香りを合わせてワザありの味に。

材料（つくね16〜18個分）

〈たね〉
- 鶏ひき肉 … 300g
- 玉ねぎ … 1個（300g）
- 卵 … 1個
- みょうが（みじん切り）… 2個
- 青じそ（みじん切り）… 10枚
- 醤油、砂糖、片栗粉
  … 各大さじ1
- 塩 … 小さじ1/3

〈煮汁〉
- だし汁 … 200ml
- 薄口醤油、みりん … 各大さじ1
- 柚子こしょう … 少々

水溶き片栗粉（片栗粉大さじ1を
　水大さじ2で溶く）… 大さじ1½
小ねぎ（小口切り）… 適量
サラダ油 … 大さじ1

全量 960kcal　塩 9.7g

作り方

1 玉ねぎはすりおろし、さらしなどに包んでしっかりと汁気を絞る。ボウルにたねの材料を入れ、粘りが出るまでよく練り混ぜる。手でたねを握って少しずつ押し出し、ピンポン玉くらいになったらスプーンですくい、小判形にする。

2 フライパンにサラダ油を熱し、つくねを片面3分ほど焼き、焼き色がついたら裏返す。裏面も同様に焼けたら、器に盛る。

3 鍋に煮汁の材料を入れてひと煮立ちさせ、水溶き片栗粉でとろみをつける。つくねにかけ、小ねぎをちらす。

薬味野菜で香りと食感を

みじん切りのみょうがの食感がつくねのもちもち感を、青じその香りが鶏肉の上品な旨みを引き立てます。

豚にらつくね
豚ひき肉でアレンジ

イメージは餃子。豚ひき肉は香りの強いにらやねぎと合わせ、おろし酢醤油をかけると、肉の旨みがより引き立ちます。

材料（つくね16～18個分）

〈たね〉
- 豚ひき肉 … 300g
- 長ねぎ（みじん切り）… ½本
- にら（みじん切り）… 5本
- 卵 … 1個
- 醤油、みりん、片栗粉 … 各大さじ1
- 粗びき黒こしょう … 少々

〈おろし酢醤油（混ぜ合わせる）〉
- 大根おろし … 大さじ4
- 酢、醤油、みりん … 各大さじ2

- 一味唐辛子 … 少々
- サラダ油 … 大さじ1

全量 1150kcal　塩 8.4g

作り方

1. ボウルにたねの材料を入れ、粘りが出るまでよく練り混ぜる。手でたねを握って少しずつ押し出し、ピンポン玉くらいになったらスプーンですくい、小判形にする。

2. フライパンにサラダ油を熱し、つくねを片面3分ほど焼き、焼き色がついたら裏返す。裏面も同様に焼けたら、器に盛る。一味唐辛子をふり、おろし酢醤油を添える。

ひき肉を豚ひき肉に

旨みが豊富で、焼くと香ばしさが引き立つ豚ひき肉には、にらとねぎを混ぜ、しっかり香ばしく焼きます。全卵を加えてふっくらと。

パンチのあるハンバーグに、
バターと赤ワインで濃厚仕上げのソースがからみます。

ハンバーグ

お安いひき肉でも、ハンバーグにすると家族が喜ぶごちそうに。笠原流の秘密兵器は、鶏レバー。コクがあるから、混ぜるだけで簡単に味が深まり、失敗なく劇的においしくなります。

材料（2人分）

〈たね〉
- 合いびき肉 … 300g
- 鶏レバー … 50g
- 玉ねぎ（みじん切り） … ½個
- 塩 … 少々
- サラダ油 … 大さじ1
- A
  - 生パン粉 … 大さじ1
  - 牛乳 … 大さじ2
  - 卵 … ½個
  - 塩 … 小さじ½
  - 粗びき黒こしょう … 小さじ½
- 酒 … 大さじ3

〈ソース〉
- トマトケチャップ … 大さじ4
- 醤油 … 大さじ1
- バター … 10g
- 赤ワイン … 大さじ2

[つけ合わせ]
- 大根おろし … 適量
- ブロッコリー（小房に分け、塩ゆで） … ½株
- 粉ふきいも（下記参照）

1人分 619kcal　塩 4.8g

作り方

1. フライパンにサラダ油、玉ねぎを入れて塩をふり、きつね色になるまで5分ほど炒め、取り出して冷ます。鶏レバーは白い筋を除き、包丁でペースト状に叩く。ボウルにたねの材料を入れ、粘りが出るまでよく練り混ぜる。手のひらにサラダ油（分量外）を薄く塗り、たねを4等分にして丸めて成形し、中央を少しへこませ、フライパンに入れて火にかける。

2. ハンバーグに焼き色がついたら裏返す。酒をふって弱火にし、蓋をして8分ほど蒸し焼きにする。ハンバーグの中央がふくらみ、手で押してみて弾力が出ていたら、器に盛る。

3. 同じフライパンにソースの材料を入れ、弱火でとろりとするまで煮つめてハンバーグにかける。

粉ふきいも

じゃがいも1個は皮をむいて一口大に切り、塩少々を入れたたっぷりの水に入れて火にかけ、ゆでる。竹串がスーッと通るまでやわらかくなったら、湯をきり、鍋に戻す。火にかけて鍋をゆすり、水分をとばして粉ふきいもにする。粗びき黒こしょう適量をふる。

コツ 1　合いびき肉に鶏レバーと炒め玉ねぎを混ぜ、旨みアップ

ベースは、合いびき肉と炒め玉ねぎ。玉ねぎは生で加えず、炒めて甘みを出して旨みの素に。ここで加えたるは、鶏レバー。姿は見えねど味に深みが増して、今日のハンバーグはひと味違う！のコメント間違いなし。

コツ 2　じわじわと焼き、ふくらんだら取り出して、肉汁を逃さない

熱い鍋底に冷たいたねを入れると肉が反り、均一に火が入りにくくなるので、たねを入れてから火をつけます。取り出すタイミングは、ハンバーグがパーンとふくらみ、弾力が出たら。ここを逃すと、せっかくの肉汁が流れ出てしまいます。

ソースでアレンジ きんぴらハンバーグ

きんぴらごぼうの食感で、和風ハンバーグの
ふんわり感を際立てて。気持ち的にはダブル主役。

材料（2人分）

〈たね〉
- 鶏ひき肉 … 300g
- 鶏レバー … 50g
- 玉ねぎ（みじん切り） … ½個
- しいたけ（みじん切り） … 2枚
- 塩 … 小さじ½
- サラダ油 … 大さじ2
- A
  - 卵 … 1個
  - 片栗粉 … 大さじ1
  - 塩 … 小さじ½
  - 粗びき黒こしょう … 少々
- バター … 10g
- 酒 … 大さじ2
- さやいんげん（半分に切る） … 8本

〈きんぴらごぼう〉
- ごぼう … 80g
- にんじん … 60g
- B（混ぜ合わせる）
  - 酒 … 大さじ4
  - 醤油 … 大さじ2
  - 砂糖 … 大さじ1
- ごま油 … 大さじ1
- 白炒りごま … 大さじ1
- 一味唐辛子 … 少々

1人分 666kcal
塩 6.1g

作り方

1. フライパンにサラダ油、玉ねぎ、しいたけを入れて塩をふって炒め、しんなりしたら取り出して冷ます。鶏レバーは白い筋を除き、包丁でペースト状に叩く。ボウルにたねの材料を入れ、粘りが出るまでよく練り混ぜる。手のひらにサラダ油（分量外）を薄く塗り、たねを4等分にして丸めて成形し、中央を少しへこませ、フライパンに入れる。

2. バターをのせて焼き、焼き色がついたら裏返す。酒、さやいんげんを加え、蓋をして弱火で5～6分蒸し焼きにする。バットに取り出し、アルミホイルをかぶせて休ませる。

3. ごぼうは皮をよく洗ってささがきにし、水にさらして水気をきる。にんじんはせん切りにする。2のフライパンにごま油を熱してごぼう、にんじんを炒め、しんなりしたらBを加えて混ぜ、白ごま、一味唐辛子をふる。器にハンバーグとさやいんげんを盛り、きんぴらごぼうをのせる。

揚げてアレンジ

谷中しょうがメンチカツ

ハンバーグのたねは、衣をつけて揚げるとメンチカツに。
谷中しょうがを芯にして揚げると、香りが爽やか。

材料（2人分）

〈たね〉
- 豚ひき肉 … 100g
- 玉ねぎ（みじん切り） … ¼個
- サラダ油 … 少々
- 醤油 … 小さじ½
- 塩 … ひとつまみ
- 粗びき黒こしょう … 少々

谷中しょうが（茎つき） … 6本
溶き卵 … 1個分
小麦粉、パン粉、揚げ油
　… 各適量
すだち … ½個

1人分 296kcal　塩 1.0g

作り方

1. 玉ねぎは、サラダ油でしんなりするまで炒めて冷ます。ボウルにたねの材料を入れ、粘りが出るまでよく練り混ぜる。

2. 谷中しょうがは根元を包丁で軽くこそげ、根の先端は切り落とす。小麦粉をまぶし、たねを周りにつける。小麦粉、溶き卵、パン粉の順に衣をつけ、170℃の揚げ油で4〜5分揚げて油をきる。器に盛り、すだちを添える。

しょうがを芯にする

谷中しょうがを串に見立ててたねで包みます。たねは粘りが出るまでしっかり練り混ぜると割れにくく、肉汁たっぷりの揚げ上がりに。

焼き豚

家で作るより、買ったほうが早い。焼いて煮るだけのこの焼き豚がそんな考えを一新します。できてから食べるまで、存分に楽しめますからね。

コツ 1
焼く前に下味をつけ、焼いて旨みを逃がさない

豚肉はフォークで刺しておくと、下味が入り、たれの味ともなじみやすくなり、やわらかく煮えます。煮る前に全面を香ばしく焼くと、豚肉の旨みが煮汁に流れ出にくく、肉本来の味が楽しめます。

コツ 2
昆布だしで豚肉の味を生かし、弱火で煮てしっとりとジューシーに

かつおだしの旨みや香りは豚肉とけんかするので、昆布だしで煮て豚肉の旨みを生かします。煮汁の甘みはみりんではなく、砂糖で。肉がやわらかく煮上がります。弱火で煮たら火を止め、余熱でジューシーに。

ジューシーでやわらかい和の焼き豚。
噛(か)むと豚肉の旨みと香りが広がります。

梅酒でアレンジ

梅酒焼き豚

旨みあふれるバラ肉を煮るなら、煮汁に梅酒を。

材料（3〜4人分）

豚バラ塊肉 … 500g
〈煮汁（混ぜ合わせる）〉
　水 … 500mℓ
　梅酒、醤油 … 各200mℓ
　砂糖 … 大さじ5
　昆布 … 5g
ゆで卵 … 4個

〈塩ねぎ（混ぜ合わせる）〉
　長ねぎ（斜め薄切り）… ½本
　サラダ油、白炒りごま
　　… 各大さじ1
　塩 … ひとつまみ
　おろしにんにく … 小さじ½
　こしょう … 少々

全量 2732kcal　**塩** 12.5g

作り方

1 豚肉はたこ糸でしばり、フライパンで焼き、全面に焼き色をつける。ひたひたの水（分量外）を加え、アルミホイルで落とし蓋をして20分ほどゆでる。

2 1のゆで汁を捨て、フライパンと豚肉の汚れを水で流す。煮汁を加えて煮立てて弱火にし、アルミホイルで落とし蓋をして10分煮て、上下を返し、さらに10分煮る。火を止めてゆで卵を加え、キッチンペーパーをかぶせて冷ます。

3 豚肉を食べやすい大きさに切り、半分に切ったゆで卵、塩ねぎとともに器に盛る。

memo
豚肉はゆでてやわらかくした後に、調味料を入れて煮ると、よりやわらかく煮えます。先にゆでることでアクや臭みが抜け、肉の旨みが引き立ちます。

材料（2〜3人分）

豚肩ロース塊肉 … 400g
塩 … 小さじ1
こしょう … 小さじ½
〈煮汁（混ぜ合わせる）〉
　水 … 500mℓ
　酒 … 100mℓ
　醤油 … 200mℓ
　砂糖 … 大さじ4
　昆布 … 5g
玉ねぎ（薄切り）… 1個
［つけ合わせ］
練り辛子 … 適量
きゅうり（細切り）… 1本

全量 1068kcal　**塩** 7.8g

作り方

1 豚肉にフォークで数カ所穴を開け、塩、こしょうをもみ込み、たこ糸でしばる。フライパンで豚肉を強めの中火で焼き、全面に焼き色をつける。

2 フライパンを洗って煮汁、玉ねぎを入れてひと煮立ちさせる。豚肉を入れ、弱火にし、アルミホイルで落とし蓋をして15分煮て火を止め、煮汁につけたまま冷ます。

3 食べやすい大きさに切って器に盛る。

プロのひと技
豚肉と相性がよい玉ねぎを風味づけに使うと、肉も煮汁もおいしくなります。

焼き酢豚

ケチャップ甘酢でアレンジ

豚肉は焼いてから湯にくぐらせて煮るから、見た目よりさっぱりとした味に。

材料（2～3人分）

豚肩ロース塊肉 … 400g
塩 … 少々
〈煮汁（混ぜ合わせる）〉
　水 … 400mℓ
　酒 … 200mℓ
　砂糖、酢 … 各大さじ3
　醤油、トマトケチャップ
　　… 各大さじ2
［つけ合わせ］
水菜（食べやすく切り、塩ゆで）
　… 1株

全量 1215kcal　塩 6.8g

作り方

1. 豚肉は半分に切り、塩をふる。フライパンで豚肉を強めの中火で焼き、全面に焼き色をつける。取り出して湯にくぐらせる。

2. フライパンに煮汁、豚肉を入れ、煮汁が煮つまるまで煮る。そのまま冷めるまでおく。豚肉を5mm幅に切って器に盛る。

煮汁を酢豚味に

煮ているうちに酢の酸味がとび、まろやかに。煮汁はここまで煮つめて、豚肉の表面にからませながら火を入れていきます。

焼いてアレンジ
ねぎだれ焼き豚

肉汁あふれるジューシーな焼き豚にするには、
肉に焼き色をつけて弱火で15分焼き、15分休ませるだけ。

材料（2〜3人分）

豚肩ロース塊肉 … 400g
塩 … 小さじ1
こしょう … 小さじ½
酒 … 大さじ2
〈ねぎおろし（混ぜ合わせる）〉
　長ねぎ（みじん切り）… ½本
　大根おろし … 大さじ4
　ごま油 … 大さじ1
　みりん … 小さじ1
　塩 … 小さじ½
　一味唐辛子 … 少々
［つけ合わせ］
トマト（7〜8mm幅の薄切り）
　… 1個
レモン … 適量

全量 1085kcal　塩 8.4g

作り方

1. 豚肉にフォークで数カ所穴を開け、塩、こしょうをもみ込む。

2. フライパンで豚肉を強めの中火で焼き、全面に焼き色をつける。酒をふって弱火にして蓋をし、15分焼く。豚肉をアルミホイルで包み、15分休ませる。

3. 豚肉を食べやすく切って器に盛り、ねぎおろしを添える。

プロのひと技
ねぎおろしは、肉料理だけでなく、魚料理にも合います。あっさりして、ねぎの香りが軽いアクセントに。

焼いて香ばしく

肉の全面を焼いて旨みを閉じ込め、弱火で肉にストレスをかけずに焼くと、肉が締まりません。さらに15分ほど休ませると、肉汁あふれてツヤツヤの焼き豚に。

ゆで鶏

間違いなくおいしくゆで上がる配合のゆで汁でゆでるだけです。鶏肉はやわらかく、香り、ジューシーさが市販品とは別格。ストックできるし、ゆで汁がおいしいスープになるのもいいですね。

コツ 1
霜降りし、適度な塩気と昆布でおいしく

鶏肉は、旨みのある鶏もも肉を使うのが僕の定番。さっと霜降り（下記参照）したら、水からゆでます。ゆで汁には昆布と薄口醤油を使うと、旨みと適度な塩気がのり、鶏肉が色よくゆで上がります。

コツ 2
水からゆで、弱火で火を入れ、余熱で仕上げてジューシーに

ゆで鶏をやわらかくジューシーに仕上げるには、「水から鶏肉を入れ、徐々に湯の温度を上げながらゆでる」、「ゆでた鶏肉は、ゆで汁の中で冷めるまでおく」の2つが重要。急激に温度が変化すると、肉がかたく締まってしまいます。

材料（3～4人分）

鶏もも肉 … 2枚
〈ゆで汁〉
　水 … 600mℓ
　酒 … 100mℓ
　薄口醤油 … 大さじ2
　昆布 … 3g
〈梅だれ（混ぜ合わせる）〉
　梅肉 … 大さじ2
　卵黄 … 1個
　醤油、はちみつ … 各大さじ½
　サラダ油 … 大さじ1
〈ねぎ塩だれ（混ぜ合わせる）〉
　長ねぎ（みじん切り） … ½本
　ごま油 … 大さじ2
　おろししょうが … 小さじ1
　塩、粗びき黒こしょう
　　… 各小さじ½
［つけ合わせ］
トマト（薄切り） … ½個

全量 1520kcal　塩 12.7g

作り方

1. 鶏肉は余分な脂、骨を除き、沸騰した湯にさっとくぐらせて霜降りにする。

2. 鍋にゆで汁の材料、鶏肉を入れて沸かしてアクを除き、弱火で20分ゆでる。途中、10分たったら上下の鶏肉を入れ替える。火を止め、そのまま冷ます。

3. ゆで鶏を食べやすく切り、2種のたれを添える。

プロのひと技「霜降り」

「霜降り」は和食の代表的な技法で、熱湯に肉や魚をさっとくぐらせ、汚れや余分な脂、臭みを落とし、冷水につけること。やるとやらないとでは、おいしさが違います。

まろやかな醤油ベースの梅だれと、香り豊かな塩ベースのねぎ塩だれがゆで鶏を一層引き立てます。

巻いてアレンジ
ロールゆで鶏 甘辛味

巻いてゆでると、噛みごたえが出て、内側の肉のジューシー感が際立ちます。

材料（3〜4人分）

鶏もも肉 … 2枚
塩、こしょう … 各少々
〈甘辛ゆで汁〉
　水 … 300mℓ
　酒、醤油、みりん … 各100mℓ
　砂糖 … 大さじ1
　昆布 … 3g
[つけ合わせ]
練り辛子 … 適量
レタス … 1枚

全量 1275kcal　塩 8.4g

作り方

1 鶏肉は皮を下にしてまな板に置き、厚みのある部分を切り離し、へこんでいる部分にのせ、厚みを均一にする。塩、こしょうをふり、1枚ずつロール状にきっちりと巻き、たこ糸でしばる。

2 フライパンに鶏肉を入れ、強火で全面に焼き色をつける。鍋に鶏肉、甘辛ゆで汁の材料を入れて沸かしてアクを取り、弱火で20分ゆでる。途中、10分たったら鶏肉を裏返す。火を止め、そのまま冷ます。食べやすく切って器に盛る。

ゆでる前に焼く

鶏肉を巻いてロール状にしたゆで鶏は、ゆでる前に焼くと表面と内側で味のメリハリが出ます。内側の肉はしっとり。

手羽先でアレンジ

辛子手羽先

行きつけの店の味を再現するのも料理の楽しみ。
和辛子の大人の辛みがクセになる。

材料（2人分）

A | 鶏手羽先…6本
　 | 昆布…5g
　 | 塩…少々

みょうが（縦半分に切る）…2個

B | 酢…大さじ2½
　 | 砂糖…大さじ2
　 | 粉辛子、粗塩、酒
　 | 　…各大さじ1

1人分 212kcal　塩 3.0g

作り方

1 鍋にA、ひたひたの水を入れて火にかけ、沸騰したら弱火にし、7〜8分ゆでる。火を止めてそのまま冷ます。

2 手羽先の水気を拭いて、みょうがとともにボウルに入れ、Bを加えて手でもみ込みながらあえる。ぴったりとラップをし、3時間ほどおく。

プロのひと技

手羽先は水に昆布と塩を入れてゆで、旨みをのせます。弱火でゆで、ゆで汁につけたまま冷ますのはゆで鶏と同じ。旨みが逃げず、しっとりと。

和辛子でキリッと

鶏手羽に合わせて和の粉辛子のシャープな辛みを。砂糖で辛みが引き立ち、味のバランスがとれます。

豚の角煮

鍋に入れて勝手にとろとろにおいしくなるんだから、豚の角煮は作らなきゃソンですよ。玉ねぎを一緒に煮ると豚肉の旨みがぐんと増し、煮上がりもやわらかくなります。

コツ|1 豚バラ肉は大ぶりに切り、たっぷりの玉ねぎと煮ておいしく

豚肉のおいしさは脂にあり。豚の角煮はバラ肉を使い、赤身と脂の量のバランスがいいものを選びましょう。ぜいたくに大ぶりに切って、玉ねぎをたっぷり入れるのが、笠原流。甘みも出て、豚肉にとろりとからみます。

コツ|2 豚肉をやわらかくゆでてから味つけを。少し甘めの煮汁で肉も脂も生かします

豚肉をやわらかくゆでてから味つけすることで、とろとろの角煮に。砂糖を先に、肉に甘みを入れてから、醤油を加えます。豚の脂には砂糖の甘さがよく合い、みりんを使うより肉がやわらかくなります。

材料（2〜3人分）

豚バラ塊肉… 600g
玉ねぎ（薄切り）… 1個
〈煮汁〉
　水… 1ℓ
　酒… 200㎖
　砂糖… 大さじ3
　昆布… 3g
　醤油… 大さじ3
さやいんげん（半分に切る）
　… 8本
水溶き片栗粉
　（片栗粉大さじ1を同量の
　水で溶く）… 全量
白髪ねぎ… 1/3本分

全量 2173kcal　塩 8.5g

プロのひと技

焼いてから煮る角煮より、肉がよりやわらかく、やさしい味になります。焼くと香ばしさがつくよさはありますが、肉は若干締まります。

作り方

1　豚肉は3〜4cm角に切り、煮くずれを防ぐためにようじを刺す（写真上）。鍋に豚肉、たっぷりの水を入れて火にかけ、沸いたら弱火にして2時間（最低1時間ほど・写真右）ゆでる。

2　豚肉を水洗いして余分な脂やアクを落として鍋に入れ、醤油以外の煮汁の材料、玉ねぎを加えて火にかける。沸いたら弱火にし、1時間煮る。醤油を加えてさらに30分ほど煮て、さやいんげんを加えて5分煮る。そのまま冷まして、味を含ませる。

3　器に豚肉とさやいんげんを盛る。残った煮汁を火にかけ、水溶き片栗粉でとろみをつけて豚肉にかけ、白髪ねぎ（P63参照）をのせる。

ゴロリとやわらかな甘辛味の角煮に
とろとろの玉ねぎがからむのがたまらない。

牛西京味噌漬け焼き

香ばしく焼いた牛肉の甘い脂と味噌が溶け合ったぜいたくな味。作りおいて食べたい時に焼くだけ。安い赤身肉でも見違えます。

コツ 1
混ぜるだけの少量の味噌床に漬けるだけ

笠原家直伝の混ぜるだけの万能味噌床で、牛肉のクセがおいしさに変身。味噌漬けは、肉の表面が薄く味噌で覆えていれば充分に漬かります。味噌は少量でよく、ガーゼなどで包まない直漬けなので、漬けるのも簡単です。

コツ 2
香ばしく焼き、肉を休ませ、余熱でジャストな火入れを目指せ

味噌は焦げやすいので、もったいないようでもきれいにぬぐって焼きます。少し焦げ目がつくくらいぎりぎりまで香ばしく焼きます。その後は、余熱で火を入れ、しっとりやわらかく仕上げます。

材料（2人分）

牛ランプ肉（ステーキ用）… 2枚
エリンギ … 2本
〈味噌床（混ぜ合わせる）〉
　西京味噌 … 100g
　酒 … 40mℓ
　砂糖 … 40g
サラダ油 … 大さじ1
［つけ合わせ］
〈春菊おろし（混ぜ合わせる）〉
　春菊（葉をみじん切り）… 50g
　大根おろし … 大さじ4
　粗びき黒こしょう … 少々
すだち（半分に切る）… 1個

1人分 383kcal　塩 2.3g

プロのひと技
牛肉は漬けておけば、冷蔵庫で2〜3日は日持ちします。豚肉や鶏肉を漬けた場合は、しっかり焼いて中まで火を通します。

作り方

1 エリンギは根元を除き、縦に薄く切る。バットに薄く味噌床を塗り、牛肉とエリンギを置き、上から味噌床を薄く塗る。ラップをぴったりとかけ、冷蔵庫で1日おく。

2 牛肉、エリンギの味噌をきれいに拭き取る。フライパンにサラダ油を熱し、牛肉、エリンギを入れて両面を焼く。エリンギは焼けたら先に取り出す。牛肉の両面においしそうな焼き色がついたら取り出し、アルミホイルで包んで5分ほど休ませる。牛肉を食べやすい大きさに切り、エリンギとともに器に盛る。

味噌漬けは知っておくと、肉・魚・野菜に便利な調理法。混ぜるだけの味噌床に肉を漬けるだけで、味噌の風味が移り、余分な水分が抜けて、凝縮した肉の旨みが楽しめます。

塊肉を蒸してアレンジ

蒸し豚 キャベツ包み

蒸したては肉汁があふれてやわらかく、冷めても旨みたっぷり。アレンジも自在で重宝します。

材料（3〜4人分）

豚肩ロース塊肉 … 600g
〈調味料〉
　粗塩 … 大さじ1
　砂糖 … 小さじ1
キャベツ … 1/2個
小ねぎ（5cm長さに切る）… 5本
〈ハニーマスタード味噌（混ぜ合わせる）〉
　味噌、粒マスタード
　　… 各大さじ2
　はちみつ … 大さじ1
　一味唐辛子 … 小さじ1/2

全量 1828kcal　塩 13.6g

作り方

1. 豚肉は2等分に切って調味料をもみ込み、2時間おく。蒸気の上がった蒸し器に入れて蓋をし、中火で30分蒸す。火を止めて15分おく。

2. キャベツは葉を1枚ずつに分け、さっとゆでてざるに上げる。

3. 蒸し豚を薄切りにして器に盛り、キャベツ、小ねぎ、ハニーマスタード味噌を添え、キャベツで巻いていただく。

豚肉を蒸してやわらかく

同じ時間なら、塊肉は煮るより蒸した方が、しっとりとやわらかくなります。豚肩ロースは赤身と脂のバランスがよく、肉汁でツヤツヤに。

(鶏ささ身で味噌漬けアレンジ)

鶏ささ身の味噌漬け

さっぱり上品なささ身の旨みに味噌の香り。
作っておけば、切って出すだけ。家計にやさしく、日持ちします。

材料（2人分）

鶏ささ身…4本
きゅうり…2本
塩…適量
〈味噌床（混ぜ合わせる）〉
　信州味噌…100g
　酒…40mℓ
　砂糖…40g
練りわさび…少々

1人分 170kcal　**塩** 3.0g

作り方

1 ささ身は筋を除く。鍋に水1ℓ、塩大さじ1を入れて沸かし、ささ身を入れて火を止める。そのまま5分おき、取り出して水気を拭く。きゅうりは塩もみして水洗いし、水気を拭く。バットに薄く味噌床を塗り、ささ身ときゅうりを置き、上から味噌床を薄く塗る。ラップをぴったりとかけ、冷蔵庫で半日おく。

2 味噌を拭き取り、ささ身は食べやすい大きさに切り、きゅうりはじゃばらに切って器に盛り、わさびを添える。

ささ身はゆでて漬ける

日持ちさせるため、半生は厳禁。ささ身はゆでて余熱でじんわり火を入れ、中心まで火が通っている状態に。ささ身の味噌床は信州味噌でしっかりとした味に。

とんカツ

コツ 1 旨みと甘みのバランスがよい厚めのロース肉で

ヒレと人気を二分するロースですが、僕は、赤身の旨みと脂の甘みが両方楽しめるロース肉派。厚さ1cmくらいの肉を選び、揚げた時に肉が反らないように、脂側に1cm間隔で切り込みを入れ、筋切りします。

コツ 2 色よく揚げて1分休ませ、肉汁が落ち着いたら切る

肉を揚げ油に入れて、すぐ触ると衣が割れるので、衣が固まるまでは動かしません。少し浮き、大きめの泡がシュワーッと小さくなっておいしそうな揚げ色がついたら引き上げ、1分おいて切ります。肉汁が落ち着いて流れ出にくくなります。

家で揚げるとんカツは、香ばしくて肉がやわらかくて油っこくないから、つい食べすぎるほどの味。恐れずにチャレンジを。作っている最中に失敗したと思っても、揚げたての熱々を食べれば、いらぬ心配だったことがわかります。

材料（2人分）

豚ロース肉（とんカツ用）… 2枚
塩、こしょう … 各少々
小麦粉、生パン粉 … 各適量
A（混ぜ合わせる）
　卵 … 1個
　牛乳 … 大さじ1
〈とんカツソース（混ぜ合わせる）〉
　中濃ソース … 大さじ2
　トマトケチャップ、醤油 … 各大さじ1
揚げ油 … 適量
[つけ合わせ]
キャベツ（せん切り）、練り辛子、
　レモン（半月切り）… 各適量

1人分 657kcal　塩 3.7g

作り方

1. 豚肉は筋切りをし、塩、こしょうをふり、小麦粉をまぶす。A、生パン粉の順に衣をつける。

2. 170℃の揚げ油で、両面がこんがりするまで7～8分揚げ、取り出して1分ほどおく。食べやすく切って器に盛り、とんカツソースを添える。

> **プロのひと技**
> パン粉は揚げ上がりがカリカリしすぎない生パン粉を、手で細かくして使います。大小が出て食感の変化がつき、おいしい。

サクッと揚がったとんカツは
とんカツソースとキャベせんとともに食べ、
王道のおいしさを満喫。

梅じそミルフィーユカツ

薄切り肉を重ねてアレンジ

豚薄切り肉を重ねたカツは食感やわらか。
青じその香りで、旨い肉をさっぱりと。

材料（2人分）

豚ロース薄切り肉 … 8枚（300g）
青じそ … 18枚
塩、こしょう … 各少々
小麦粉、生パン粉 … 各適量
A （混ぜ合わせる）
　卵 … 1個
　牛乳 … 大さじ1
〈梅肉だれ（混ぜ合わせる）〉
　梅肉 … 4個分
　煮切り酒 … 大さじ2
　はちみつ、醤油 … 各大さじ1
揚げ油 … 適量
［つけ合わせ］
大根おろし … 適量
きゅうり（乱切り） … 1本

1人分 729kcal　塩 5.5g

作り方

1　豚肉は塩、こしょうをふる。豚肉1枚に青じそ3枚をのせ、これをあと2回くり返し、その上に豚肉1枚をのせ、ミルフィーユカツ1個のできあがり。同様にもう1個作る。小麦粉をまぶし、A、生パン粉の順に衣をつける。

2　170℃の揚げ油で、両面がこんがりするまで7〜8分揚げ、油をきり、食べやすく切る。器に盛り、梅肉だれを添える。

青じそをはさむ

青じその香りを生かすため、梅肉は一緒にはさまず、たれとして添えます。青じその代わりに、のり、わさび漬け、バナナをはさんでも。

ロール夏野菜カツ

薄切り肉で巻いてアレンジ

熱々のとろりとしたなす、香りのいいみょうがを巻いたロールカツには、田楽のイメージから味噌だれを。

材料（2人分）

豚ロース薄切り肉 … 8枚（300g）
なす（縦4等分に切る）… 1本
みょうが（縦半分に切る）… 2個
塩、こしょう … 各少々
小麦粉、生パン粉 … 各適量
A （混ぜ合わせる）
　卵 … 1個
　牛乳 … 大さじ1
〈味噌だれ（混ぜ合わせる）〉
　味噌 … 大さじ4
　砂糖 … 大さじ1½
　白すりごま … 大さじ1
揚げ油 … 適量
一味唐辛子 … 適量
［つけ合わせ］
トマト（くし形切り）、
　すだち（輪切り）… 各½個

1人分 790kcal　塩 5.5g

作り方

1. 豚肉は塩、こしょうをふる。なす、みょうがは小麦粉をまぶす。豚肉を広げ、なす、みょうがを別々に1枚の豚肉で巻き、手でしっかりと握る。小麦粉をまぶし、A、生パン粉の順に衣をつける。

2. 170℃の揚げ油で、全体がこんがりするまで7～8分揚げ、油をきり、半分に切る。器に盛り、味噌だれを添え、一味唐辛子をふる。

なす、みょうがを巻く

野菜に小麦粉をまぶしてから豚肉を巻くと、揚げた時に衣がはがれにくく。揚げると、なすはとろりとし、みょうがは食感と香りが残ります。

豚肉のソテー マスタード醤油

照り焼きだれに粒マスタードを合わせたたれは、豚肉の甘い脂と相性バツグン。

コツ 1
厚めの豚肉でステーキ風。小麦粉をまぶして色よく焼く

ソテー用の豚肉は、厚い肉を選ぶとステーキ風に。肉が反らないように、筋切りは赤身と脂の境まで深めに切り目を入れます。小麦粉を薄くまぶすことで、焼き色がきれいにつき、たれのからみがよくなり、たれに適度にとろみが出ます。

コツ 2
冷たいところから徐々に温度を上げてしっとりと仕上げる

厚みがあると肉に火が入るのに時間がかかるため、冷たいフライパンに豚肉を入れてから火にかけ、少しずつ温度を上げて焼くと、しっとりと仕上がります。焼いているうちに豚肉からも脂が出て、揚げ焼きの状態になり、表面がカリッと焼き上がります。

牛肉より家計にやさしく、焼くだけでごちそう感の出る豚肉のソテー。たれを変えるだけでレパートリー倍増。厚みのある豚肉から、肉の旨みがあふれます。

材料（2人分）

- 豚ロース肉（ソテー用）… 2枚
- 小麦粉 … 適量
- 〈粒マスタード醤油だれ（混ぜ合わせる）〉
  - 醤油、みりん、酒 … 各大さじ2
  - 粒マスタード … 大さじ1
- サラダ油 … 大さじ1
- ［つけ合わせ］
- レタス（せん切り）… ¼個
- 〈ゴーヤーおろし（混ぜ合わせる）〉
  - ゴーヤー（種とワタを除いて薄切りにして塩もみし、水分を絞る）… ½本
  - 大根おろし（軽く絞る）… 大さじ4

1人分 511 kcal　塩 3.1g

作り方

1. 豚肉は冷蔵庫から出して室温に戻す。周囲に1cm間隔に切り目を入れて筋切りし、小麦粉を薄くまぶす。

2. フライパンにサラダ油、豚肉を入れて火にかけ、こんがり焼けたら裏返す。裏面もこんがり焼いて脂を拭き、粒マスタード醤油だれを加えて煮立たせ、豚肉に煮からめる。たれが半分くらいになり、おいしそうなとろみがついたら、火を止める。

プロのひと技

豚肉は味が入りにくいため、たれを煮つめて濃度をつけ、肉にからめながら焼き上げます。

豚肉のソテー なすソース

なすでアレンジ

なすはつけ合わせにせず、ソース仕立てにし、豚肉の旨みを引き立てます。

材料（2人分）

豚肩ロース肉（ソテー用）… 2枚
塩 … 少々
サラダ油 … 大さじ2
〈なすソース〉
　なす（皮つきのまま、細切り）
　　… 2本
　しょうが（せん切り）… 10g
　A｜醤油 … 大さじ2
　　｜砂糖 … 大さじ1
　　｜酒 … 大さじ3
小ねぎ（小口切り）… 3本
すだち … ½個
1人分 416kcal　塩 3.2g

作り方

1 豚肉は冷蔵庫から出して室温に戻す。周囲に1cm間隔に切り目を入れて筋切りし、塩を両面にふる。フライパンにサラダ油、豚肉を入れて火にかけ、こんがり焼けたら裏返す。裏面もこんがり焼いて取り出し、アルミホイルで包んで休ませる。

2 同じフライパンでなす、しょうがを炒め、しんなりしたら、Aで味つけする。

3 豚肉を食べやすい大きさに切って器に盛り、なすソースをかけ、小ねぎをちらし、すだちを添える。

とろりと炒めてソースに

なすをつけ合わせにせずに、炒めてとろりとさせ、野菜ソース風に。きんぴらごぼうと同じ甘じょっぱい味なのでご飯に合います。

豚バラ肉でアレンジ
豚肉とせりの焼きしゃぶ

鍋料理に使うことが多いせりは、実は油とも相性よし。せりの香りでバラ肉があっさりと。

材料（2人分）

豚バラ薄切り肉 … 200g
せり … 1束
塩 … 少々
〈手作りポン酢醤油〉
　醤油、みりん、酢、
　オレンジの搾り汁
　　… 各50ml
　昆布 … 3g
白すりごま、一味唐辛子
　… 各少々

1人分 507kcal　塩 4.7g

作り方

1. 手作りポン酢醤油は材料を混ぜて30分ほどおく。せりは5cm長さに切る。豚肉は食べやすい大きさに切り、塩をふる。

2. フライパンを熱し、豚肉を1枚ずつ入れ、両面をさっと焼きつけて取り出す。同じフライパンでせりをさっと炒める。

3. 器に豚肉、せりを盛り、すりごま、一味唐辛子をふる。手作りポン酢醤油につけていただく。

プロのひと技
混ぜるだけでできる手作りポン酢醤油は、まろやかなオレンジ風味。清潔な密閉容器に入れ、冷蔵庫で1週間保存可。

炒めてせりの香りを

旨みがのった豚バラ肉の脂でせりをさっと炒めます。シャキシャキした食感と香りを生かすと豚バラ肉といいバランスに。

サバの味噌煮

香ばしいサバに、とろりとからむ
甘い味噌だれは最強の組み合わせ。

煮魚革新＆自信作の魚をおいしく生かすレシピです。時代によって、食べる人の味覚も、食材の鮮度や性質も変わるので、それをふまえてレシピは見直しています。

コツ | 1
サバの強さに負けない甘味噌味で

個性の強いサバは濃い甘めの味つけで。笠原流のサバの味噌煮の煮汁の配合は、覚えやすい「味噌3・砂糖2・醤油1」。味噌と甘み（砂糖またはみりん）だけでなく、醤油を加えてサバの風味を生かします。

コツ | 2
煮る前に香ばしく焼いてサバのおいしさを引き出す

煮魚お決まりの魚の霜降りはせず、焼いてから煮て簡単に。ごま油で皮8割、身を2割で香ばしく焼くとサバ自体がおいしく、煮汁がからみやすくなります。

くるみの香ばしさ、柿の甘みは、サバにも甘辛味噌味にもよく合います。

くるみ味噌でアレンジ

サバのくるみ味噌煮

材料（4人分）

- サバ（切り身）… 4切れ
- ごま油 … 大さじ1
- くるみ（無塩）… 50g
- 柿（くし形切り）… ½個
- さやいんげん（半分に切る）… 4本
- 〈煮汁〉
  - 味噌 … 60g
  - A（混ぜ合わせる）
    - 水 … 400mℓ
    - 酒 … 100mℓ
    - 砂糖 … 大さじ3
    - 醤油 … 大さじ1
- 白髪ねぎ（右下参照）… ⅓本分
- 一味唐辛子 … 少々

1人分 558kcal　塩 3.8g

作り方

1. くるみは軽くから炒りして、ポリ袋に入れて麺棒などで砕く。サバは皮に1cm間隔の切り目を入れる。フライパンにごま油を熱し、サバを皮を下にして入れて焼き、香ばしい焼き色がついたら裏返し、身側は1分ほど焼く。

2. フライパンの脂をキッチンペーパーできれいに拭き、Aを入れてひと煮立ちさせ、アルコール分をとばす。アクを除き、5分ほど煮る。くるみを加え、味噌に煮汁をお玉1杯ほど入れて溶き、フライパンに加え、アルミホイルで落とし蓋をして10分煮る。柿、さやいんげんを加え、蓋をしないで2分ほど煮る。

3. 器に盛り、白髪ねぎをのせ、一味唐辛子をふる。

材料（2人分）

- サバ（切り身）… 2切れ
- なす（皮をむき、縦4等分に切る）… 1本
- ししとう（穴を開ける）… 4本
- ごま油 … 大さじ1
- 〈煮汁〉
  - 味噌 … 大さじ1 ½
  - A（混ぜ合わせる）
    - 水 … 150mℓ
    - 酒 … 100mℓ
    - みりん … 50mℓ
    - 砂糖 … 大さじ1
    - 醤油 … 大さじ½
- しょうが（薄切り）… 5g
- 白髪ねぎ（下記参照）… ⅓本分

1人分 341kcal　塩 1.9g

作り方

1. サバは皮に1cm間隔の切り目を入れる。フライパンにごま油を熱し、サバを皮を下にして入れて焼き、香ばしい焼き色がついたら裏返す。なす、ししとうを加え、サバとともに1分ほど焼く。

2. フライパンの脂をキッチンペーパーできれいに拭き、Aを入れてひと煮立ちさせ、アルコール分をとばし、アクを除く。味噌に煮汁をお玉1杯ほど入れて溶き、フライパンに加える。アルミホイルで落とし蓋をして10分煮て、しょうがを加え、蓋をしないで2分ほど煮る。器に盛り、白髪ねぎをのせる。

白髪ねぎ

長ねぎを5cm長さに切り、縦に切り込みを入れて芯を除き（芯はスープなどに使うとよい）、重ねてなるべく細いせん切りにする。水にさらして水気をきる。

焼いたブリはおいしい。大根入りのだしの香りのきいたあんをかければ、冷めてもおいしい！というおまけつきです。

サバを焼いて、大根と煮汁と煮るだけ。煮汁で照り照りの大根と香ばしいサバは文句なしの相性。

ブリ大根

材料（2人分）

- ブリ（切り身）…2切れ
- 〈下味（混ぜ合わせる）〉
  - 醤油、みりん…各大さじ1
  - 黒こしょう…少々
- 小麦粉…適量
- サラダ油…大さじ1
- A
  - 大根（5cm長さの棒状に切る）…150g
  - だし汁…300mℓ
  - 醤油、みりん…各20mℓ
- 水溶き片栗粉（片栗粉大さじ1を同量の水で溶く）…全量
- 貝割れ菜…½パック

1人分 364kcal　塩 2.7g

作り方

1. ブリは下味をかけて手でなじませ、10分ほどおく。

2. 鍋にAを入れ、大根がすき通るまで煮て、水溶き片栗粉でとろみをつける。

3. ブリの汁気を拭いて小麦粉をまぶす。フライパンにサラダ油を熱し、ブリの両面がカリッとするまで焼く。器に盛り、2をかけ、貝割れ菜を添える。

サバ大根

フライパン煮魚をアレンジ

材料（2人分）

- サバ（切り身）…2切れ
- 大根…½本
- サラダ油…大さじ1
- 〈煮汁（混ぜ合わせる）〉
  - 水…400mℓ
  - 酒…200mℓ
  - 醤油、みりん…各100mℓ
  - 砂糖…大さじ1
- さやいんげん（半分に切る）…6本

1人分 394kcal　塩 4.5g

作り方

1. 大根は皮をむき、3cm厚さの半月切りにし、水からやわらかくなるまで下ゆでし、ざるに上げて湯をきる。

2. サバは小骨を除き、2cm幅に切る。フライパンにサラダ油を熱し、サバを皮を下にして入れて香ばしく焼き、すべて裏返したら1分ほどで火を止め、取り出す。

3. フライパンの脂をキッチンペーパーできれいに拭き、大根、サバ、煮汁を入れて火にかけ、煮立ったら中火にし、アルミホイルで落とし蓋をして15分煮る。さやいんげんを加え、さらに10分ほど煮る。火を止め、冷めるまでおく。食べる前に温め、器に盛る。

サワラの南蛮漬け

揚げたサワラは驚きのふんわり感。飲めるほどまろやかな南蛮だれがからんでいくらでも食べられます。

魚の南蛮漬けは、知っておくといい料理です。魚を揚げると子どもが食べる、野菜もバランスよくとれる、作りおきがきくから重宝します。

材料（2人分）

- サワラ（切り身）… 2切れ
- 塩 … 少々
- 小麦粉、揚げ油 … 各適量
- 〈南蛮だれ〉
  - 玉ねぎ（薄切り）… 1/2個
  - しいたけ（薄切り）… 2枚
  - にんじん（4cm長さのせん切り）… 50g
  - 水 … 500mℓ
  - 醤油、酢 … 各60mℓ
  - 煮切り酒* … 50mℓ
  - 砂糖 … 大さじ1 1/2
- 貝割れ菜（3等分に切る）… 1/3パック
- 一味唐辛子 … 少々

1人分 528kcal　塩 2.7g

＊煮切り酒の作り方…鍋に酒を入れて火にかけ、アルコール分をとばす。

作り方

1. サワラは半分に切り、塩をふって10分ほどおく。

2. 南蛮だれを作る。しいたけ、にんじんはさっとゆでて湯をきる。南蛮だれの材料を混ぜ合わせる。

3. サワラの水分を拭いて小麦粉を薄くまぶし、170℃の揚げ油でカリッと揚げ、油をきる。南蛮だれと合わせ、30分ほどおく。器に盛り、貝割れ菜をちらし、一味唐辛子をふる。

コツ

揚げ魚は揚げすぎず、ふんわりと

サワラを揚げ油に入れたら、最初は触らず、表面が少し固まってきたら、油を混ぜながら時々空気に触れさせると、余分な水分がとんでカリッと揚がります。ふちがきつね色に揚がったら、引き上げ時。

> タイでアレンジ

タイのから揚げ キャベツあんかけ

切り身魚のから揚げは、肉より短時間でできます。あんにキャベツを入れ、野菜もたっぷり。

材料（2人分）

タイ（切り身）… 3切れ
〈下味〉
　醤油、みりん … 各大さじ1
キャベツ（太めのせん切り）
　… ¼個
〈煮汁（混ぜ合わせる）〉
　だし汁 … 300㎖
　薄口醤油、みりん
　　… 各大さじ1½
水溶き片栗粉（片栗粉大さじ1強
　を同量の水で溶く）… 大さじ2
粗びき黒こしょう … 少々
片栗粉、揚げ油 … 各適量

1人分 358kcal 塩 3.1g

作り方

1. タイは小骨を除いて一口大に切り、下味をもみ込み、5分おく。

2. 鍋に煮汁を入れて煮立て、キャベツを入れて3分ほど煮る。水溶き片栗粉でとろみをつける。

3. タイの汁気をきって片栗粉をまぶし、170℃の揚げ油で2分ほど揚げ、油をきる。器に盛り、2をかけ、黒こしょうをふる。

衣は片栗粉で

衣に片栗粉を使うと、サクッと食感よく揚がり、あんをかけてもおいしく食べられます。片栗粉はまんべんなく魚にまぶしてから余分な粉を落とし、薄衣で。

プロのひと技

タイの下味は、鶏のから揚げと同じ甘辛だから、子どもも食べやすい。

サンマでアレンジ
サンマのから揚げきのこあんかけ

脂ののったサンマは揚げるとふんわりやわらかく。
下味にしょうがをきかせ、季節のきのこを合わせて香り豊かに。

材料（2人分）

サンマ … 2尾
〈下味〉
　醤油、みりん … 各大さじ1
　おろししょうが … 小さじ1/2
しいたけ … 4枚
しめじ、えのきたけ
　… 各1パック
〈煮汁（混ぜ合わせる）〉
　だし汁 … 300mℓ
　醤油、みりん … 各大さじ1と1/2
小ねぎ（小口切り）… 3本
水溶き片栗粉（片栗粉大さじ1を
　水大さじ2で溶く）… 大さじ2
片栗粉、揚げ油 … 各適量

1人分 402kcal　塩 3.7g

作り方

1 サンマはきれいに洗って水気を拭き、頭と尾を除き、内臓を引き抜く（右下参照）。皮に斜めに切り目を入れて5つに筒切りにし、下味をもみ込み、10分ほどおく。

2 しいたけは軸を除き、薄切りにする。しめじ、えのきたけは石づきを除いてほぐす。鍋に煮汁、きのこ類を入れて火にかけ、煮立ったら中火で2分ほど煮る。水溶き片栗粉でとろみをつける。

3 サンマの汁気をきって片栗粉をまぶし、170℃の揚げ油で3〜4分揚げ、油をきる。器に盛り、2をかけ、小ねぎをちらす。

サンマをから揚げに

サンマのから揚げを知っておくと、塩焼き以外の楽しみが増えます。サンマは、筒切りにして下処理を簡単に。衣もつけやすく、一口大で食べやすい。

プロのひと技

サンマは筒切りする前に、尾側を左に腹をまな板につけて置き、背びれ側を下に押して内臓が少し出たら、包丁で内臓をスーッと引き抜きます。

タイのおかき揚げとエビの金ぷら

もっちり香ばしいタイのおかき揚げと
しっとり衣のエビの金ぷらは、
見た目もめでたく喜ばれます。

コツ 1　柿の種は細かく砕いて具につきやすく香ばしく

味つきの柿の種を衣にすると、タイの下味の塩がいりません。柿の種は、焦げにくいように、また具につきやすいようにできるだけ細かく砕くこと。粘着力が強く焦げにくい卵白をつけ、柿の種衣をまぶします。

コツ 2　さっと揚げて、香りとふんわりした身を味わう

タイもエビも揚げ始めたら、あっという間に火が入ります。最初は大きかった泡がだんだん細かくなり、浮き上がってきて香ばしい揚げ色になったら、引き上げ時。さっと揚げて余熱で火を入れるから、身はふんわりと。

店の人気メニュー「おかき揚げ」は、なんと手作りできます。金ぷらは、衣の全卵を卵黄に変えるだけで、華やかな衣に。覚えておくと、ごちそう感が出て盛り上がりますよ。

材料（2人分）

- タイ（切り身）… 150g
- エビ（殻つき）… 6尾
- 酒 … 適量
- 〈おかき揚げの衣〉
  - 柿の種 … 100g
  - 卵白 … 2個分
  - 小麦粉 … 適量
- 〈金ぷらの衣（混ぜ合わせる）〉
  - 卵黄 … 2個
  - 小麦粉 … 大さじ1
  - 水 … 小さじ1
- 小麦粉、揚げ油 … 各適量
- ［つけ合わせ］
- 塩 … 少々
- レモン（半月切り）… ¼個

1人分 578kcal　塩 1.6g

作り方

1. タイは一口大にそぎ切りにする。エビは殻と背ワタを除き、尾の水をしごき出しながら尾の先を切り、酒をもみ込む。

2. 柿の種をフードプロセッサーで細かく砕く。小麦粉、卵白、柿の種の順にタイに衣をつける。エビは水気を拭いて小麦粉をまぶし、金ぷらの衣にくぐらせ、170℃の揚げ油で揚げる。タイも、色よく揚げて油をきる。

魚介の揚げものアレンジ
タイとたけのこのから揚げ

タイのから揚げがふんわり。煮魚や若竹煮とは違う、魚やたけのこの楽しみ方です。

材料（2人分）

ゆでたけのこ（アクを取り下ゆでしたもの、または市販の水煮）
　…2本（150g）
〈煮汁（混ぜ合わせる）〉
　だし汁 … 300ml
　酒 … 50ml
　薄口醤油 … 大さじ1½
　砂糖 … 大さじ1
タイ（切り身）… 200g
〈下味（混ぜ合わせる）〉
　醤油、みりん … 各大さじ1
　粉山椒 … 小さじ¼
片栗粉、揚げ油 … 各適量
〈木の芽おろし（混ぜ合わせる）〉
　大根おろし（軽く絞る）
　　… 150g
　木の芽（刻む）… 適量
すだち（くし形切り）…1個

1人分 405kcal　塩 2.0g

作り方

1. ゆでたけのこは縦に8等分に切って鍋に入れ、たっぷりの水を注いで火にかけ、煮立ったらゆでこぼす。鍋にたけのこと煮汁を入れ、煮立ててからさっと煮て、そのまま冷めるまでおく。タイは一口大に切って下味を全体にまぶし、10分おく。

2. タイ、たけのこの汁気をきって片栗粉をまぶし、170℃の揚げ油で3〜4分揚げ、油をきる。器に盛り、木の芽おろしとすだちを添える。

タイに下味を

タイは片栗粉をまぶして揚げる前に、下味をつけておきます。醤油と粉山椒は揚げると香りが立ち、みりんで旨みがのります。

魚介の揚げもののアレンジ
牡蠣(カキ)のいそべ揚げ

衣から、青のりの磯の香りがふわーっと。
納得するほど相性がよく、カキの旨みが広がります。

材料（2～3人分）

カキ（むき身）…10粒
ししとう…4本
小麦粉…適量
〈衣（混ぜ合わせる）〉
　卵黄…1個
　冷水…200㎖
　小麦粉…120g
　青のり粉…大さじ2
〈和風タルタルソース（混ぜ合わせる）〉
　ゆで卵（みじん切り）…1個
　しば漬け（みじん切り）…30g
　粗びき黒こしょう…少々
　練り辛子…小さじ½
　小ねぎ（小口切り）…大さじ1
　マヨネーズ…大さじ4
レモン…¼個
揚げ油…適量

全量 1354kcal　塩 4.9g

作り方

1. ししとうはフォークなどで穴をあける。

2. カキを水で洗い、水気を拭いて小麦粉をまぶし、衣にくぐらせ、170℃の油で3～4分揚げ、油をきる。ししとうは素揚げして油をきる。器に盛り、レモン、和風タルタルソースを添える。

カキに磯の香りを

カキは天ぷら衣で揚げると、なめらかさが引き立ちます。青のりを衣に混ぜるだけで、上品で香り豊かな一品に。

ポテトサラダ

年代問わず人気の料理がおいしく作れると喜ばれるし、作っていても楽しいもんです。ポテサラはそんな一品。定番の料理は奇をてらわない。これも意外な鉄則です。

コツ|1 じゃがいもは男爵で。塩ゆでし、味をきちんと入れる

じゃがいもはホクホク感を楽しみたいので男爵で。風味を生かすため、塩ゆでにします。水分をとばして粉ふきいもにしたら、熱々のうちに下味をつけます。これで味がバッチリ決まります。

コツ|2 味つけは"ベーシックで懐かしい"がキーワード

ポテサラはにんじん、玉ねぎ、きゅうりが入ってしっくりくるように、味のイメージが万人共通な料理。だから、味つけはマヨネーズに練り辛子でアクセントを。牛乳は少量入れると口当たりがなめらかになります。

材料(2〜3人分)

じゃがいも(男爵) … 大2個
にんじん … 50g
玉ねぎ(縦に薄切り) … ½個
きゅうり(薄い小口切り)
　… 1本
塩 … 適量
A｜酢 … 大さじ1
　｜砂糖、塩 … 各小さじ½
B｜マヨネーズ … 大さじ3
　｜牛乳 … 大さじ1
　｜練り辛子 … 小さじ⅓

全量 540kcal　塩 4.4g

作り方

1. 玉ねぎ、きゅうりはそれぞれ塩もみして水気をしっかりと絞る。

2. じゃがいもは皮をむいて一口大に切り、にんじんは縦半分に切る。塩少々を入れたたっぷりの水に、じゃがいも、にんじんを入れて火にかけ、ゆでる。竹串がスーッと通るまでやわらかくなったら、湯をきり、にんじんを取り出し、じゃがいもだけ鍋に戻す。火にかけて鍋をゆすり、水分をとばして粉ふきいもにする。熱々のうちにAを順に入れて混ぜ、下味をつける。

3. ボウルにじゃがいも、食べやすく切ったにんじん、1、Bを入れ、木べらで軽くつぶすように混ぜ合わせる。

ホクホクしたやさしい風味の
じゃがいもに、きゅうりと玉ねぎの
食感をさらりときかせます。

ふろふき大根 2色味噌

王道のゆず味噌、パンチのある黒ごま味噌が噛(か)むとジュワーッと汁気あふれる大根のみずみずしさを引き立てます。

厚切り大根を薄味の煮汁で煮ると、旬の大根のおいしさが存分に味わえます。煮上がりのいい香りとジューシー感は手作りならでは。練り味噌をかけるとご飯のおかずに。

コツ 1
大根は厚めに切って隠し包丁を入れ、下ゆでして芯までやわらかく

大根の皮は厚めにむき、きれいに煮上がるよう面取りし、片面だけに十字に隠し包丁を入れると、火が通りやすく味がしみ込みやすくなります。下ゆでしてしっかりやわらかくすると、煮汁が入っておいしくなります。

コツ 2
薄味で大根そのものの味を生かして煮上げる

味つけは大根の風味を生かす、ごく薄味で。だしのきいたたっぷりの煮汁で煮て、大根の芯まで煮汁を含ませます。煮えたら、布巾をかけて冷めるまでおくこと。煮ものは冷める間に味が入るので、確実においしくなります。

だしが香る薄味のカニあんでジューシーな大根がさらにおいしく。

カニでアレンジ
大根の含め煮 カニあんかけ

材料（2人分）

大根 … ½本
米 … 大さじ2
カニ（缶詰。またはカニをゆでたほぐし身）… 80g
〈煮汁〉
　だし汁 … 1ℓ
　薄口醤油、みりん … 各大さじ4
　砂糖 … 大さじ1
水溶き片栗粉（片栗粉大さじ1を水大さじ2で溶く）… 適量
青ゆずの皮（すりおろす）… 少々

1人分 134 kcal　**塩** 3.1g

作り方

1. 大根は皮をむき、大きめの乱切りにする。鍋に大根とたっぷりの水、米を入れて火にかけ、下ゆでし、やわらかくなったら水にさらす。ざるに上げて5分ほどおき、水気をとばす。

2. 鍋に煮汁の材料、大根を入れて煮立てて中火にし、大根が透き通るまで煮る。火を止め、そのまま冷ます。

3. 2の煮汁300mlを別の小鍋に取り分け、カニを加えてさっと煮て、水溶き片栗粉でとろみをつける。2の鍋を熱々に温めて大根を器に盛り、カニあんをかけ、青ゆずの皮をちらす。

材料（2人分）

大根 … ½本
米 … 大さじ2
〈煮汁〉
　だし汁 … 1200ml
　薄口醤油、みりん … 各50ml
〈玉味噌（作りやすい分量）〉
　白味噌 … 200g
　卵黄 … 3個
　酒 … 100ml
　砂糖 … 100g
〈黒ごま味噌（作りやすい分量）〉
　玉味噌 … 上記のできあがりの½量
　おろしにんにく … 小さじ½
　黒練りごま … 大さじ3
ゆずの皮 … ½個分
小ねぎ（小口切り）… 少々

1人分 234 kcal　**塩** 3.8g

作り方

1. 大根は3cm厚さに切り、皮を厚めにむいて面取りし、片面に十字に隠し包丁を入れる。鍋に大根、たっぷりの水、米を入れて火にかけ、下ゆでし、竹串がスーッと通り、やわらかくなったら水にさらす。ざるに上げて5分ほどおき、水気をとばす。鍋に煮汁の材料、大根を入れて煮立てて中火にし、20分ほど煮る。火を止め、落とし蓋代わりに布巾をかけ、常温まで冷ます。

2. 鍋に玉味噌の材料を入れて混ぜ合わせ、弱火にかけながら木べらで絶えず混ぜる。鍋底に木べらの跡が残り、持ち上げてポテッとしたら火を止める。半量にゆずの皮半量をすりおろしてちらす（ゆず味噌）。もう半量に黒ごま味噌の残りの材料を混ぜ合わせる。

3. 大根を温め、隠し包丁が入っている面を下にして器に盛る。半分にゆず味噌をかけ、残りのゆずの皮をせん切りにしてのせる。残り半分に黒ごま味噌をかけ、小ねぎをのせる。

かぼちゃ、ミニトマト、いんげんの炊き合わせ

かぼちゃの甘み、まろやかなトマトの酸味、
いんげんの食感。だしで引き出した
旬の野菜のおいしさがひと皿に。

コツ｜1　野菜に合わせた味つけでそれぞれをベストな味に

かぼちゃは甘みを生かしたいので、だし汁に醤油、みりん、砂糖を加え、煮汁を少し甘めに。色を生かしたいミニトマトといんげんは、だし汁に薄口醤油、みりんを加えたさらりとした煮汁で味つけを。

コツ｜2　冷ましてこそ、野菜の煮ものの味が花開く

和の煮ものは、煮えたら一度冷ますのが鉄則。冷める間に野菜に煮汁の味やだしの香りが入り、野菜の甘みや旨みが引き立ちます。2〜3時間、できれば一晩おくと、ぐんとおいしくなります。

個々の野菜の味に合わせて味つけし、器で盛り合わせる「炊き合わせ」は、日本料理を代表する煮ものの技法。身近な野菜がこの煮方で、ぜいたくなひと皿に。

材料（2人分）

かぼちゃ… ¼個
ミニトマト… 8個
さやいんげん… 8本
〈かぼちゃの煮汁〉
　だし汁… 400ml
　醤油、みりん… 各大さじ2
　砂糖… 小さじ1
〈ミニトマトの煮汁〉
　だし汁… 200ml
　薄口醤油、みりん
　　… 各大さじ1
〈さやいんげんの煮汁〉
　だし汁… 200ml
　薄口醤油、みりん
　　… 各大さじ1
塩… 適量
みょうが（小口切り）… 1個

1人分 162kcal　塩 1.9g

プロのひと技
ミニトマトは湯むきすると味の含みがよくなり、口当たりがなめらかに。

作り方

1. かぼちゃは種とワタを除き、ところどころ皮をむいて8等分に切り、1分ほど下ゆでをする。直径約18cmの鍋にかぼちゃの煮汁の材料とかぼちゃを入れて煮立て、アルミホイルで落とし蓋をして、竹串がスーッと通るまで弱火で7〜8分煮て火を止める。煮汁が冷めるまでおく。

2. ミニトマトは湯むきし（ヘタを除き、沸騰した湯に入れ10秒ほどで引き上げ、氷水にとり、皮をむく）、小鍋にミニトマトの煮汁の材料とともに入れて煮立てて火を止め、煮汁が冷めるまでおく。

3. 別の小鍋にさやいんげんの煮汁の材料を入れ、ひと煮立ちさせて冷ます。さやいんげんは1分ほど塩ゆでして取り出し、氷水で色止めして半分に切り、冷めた煮汁に浸けておく。

4. 器にかぼちゃ、ミニトマト、さやいんげんを盛り、みょうがをのせる。

野菜の煮ものアレンジ
トマトの梅煮

だしがしみたひんやりなめらかな
トマトにさわやかな梅の香り。

材料（4人分）

トマト … 4個
梅干し … 2個
〈煮汁〉
　だし汁 … 600㎖
　醤油、みりん … 各大さじ2
水溶き片栗粉（片栗粉大さじ1を
　水大さじ2で溶く）… 大さじ2
青じそ（せん切り）… 5枚
1人分 46kcal　**塩** 1.5g

作り方

1 トマトは湯むきする。梅干しは種を除き、包丁で叩く。

2 鍋に煮汁の材料、梅肉を入れて煮立て、トマトを加える。3分ほど煮て、鍋ごと氷水に浸けて冷ます。粗熱がとれたら、トマトと煮汁を別にし、煮汁は温め、水溶き片栗粉でとろみをつける。それぞれを冷蔵庫で冷やす。

3 冷やした器にトマトを盛り、煮汁をかけ、青じそをのせる。

トマトに梅の酸味を

トマトと味の相性のいい梅干し。軽い酸味の煮汁を冷ましてトマトに味を含ませます。

野菜の煮ものアレンジ

新さつまいものレモン煮

新もののさつまいもで煮る初秋の和の定番。
レモンの酸味で甘みがすっきりと。

材料（2人分）

新さつまいも … 4本
レモン … 1/2個
〈煮汁〉
　水 … 400ml
　砂糖 … 70g
　薄口醤油 … 大さじ2/3

1人分 399kcal　塩 0.5g

作り方

1. さつまいもは1.5cm幅の輪切りにし、面取りをして鍋に入れ、ひたひたの水を加えて、水からゆでる。沸騰したら弱火で5分ほどゆでる。

2. 湯を捨て、煮汁の材料を加えて煮立てて弱火にし、5分ほど煮る。火を止めてレモン汁を搾り、そのまま冷ます。

新さつまいもは面取りを

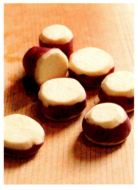

新もののさつまいもは細く水分が多いので、煮くずれないように面取りすると、きれいに煮上がります。

若竹煮

だしのきいた煮汁をたっぷりと含んだ
たけのこは、日本料理のメインディッシュ。
わかめと木の芽の香りが抜群の相性。

日本の季節感が味わえる、日本料理の「であいもの」の相性のよさを実感できる最高の組み合わせ。たけのこ、わかめ、木の芽の香りで感じる春に毎年、感動できます。

コツ 2　ご飯のおかずになる少し甘めの味つけで

笠原流の煮汁の味つけは、ご飯のおかずにもなる少し甘めで。みりんと砂糖をともに使うと、たけのこの香りが引き立ちます。煮汁が冷たいうちからたけのこを入れ、だしのきいた煮汁をたっぷり含ませます。

コツ 1　生たけのこは下ゆででやわらかくして香りを生かす

アク抜きしたたけのこは、きれいに洗って米ぬかを落とし、根元の突起や底をきれいに削り、姫皮を取り分けたら、大ぶりに切って再度水からゆでます。アクがしっかり抜け、香りが引き立ちます。

材料（2人分）

たけのこ … 2本（正味500g）
わかめ（塩蔵）… 30g
〈煮汁〉
　だし汁 … 800ml
　薄口醤油、みりん
　　… 各大さじ2
　砂糖 … 大さじ1
　塩 … 小さじ½
A｜赤唐辛子 … 2本
　｜米ぬか … 1カップ
木の芽 … 適量

1人分 118kcal　**塩** 2.6g

プロのひと技

米ぬかがなければ、米の研ぎ汁で代用できます。
＊姫皮（穂先の皮）は、やわらかくおいしいので、吸いものやあえものに使います。

作り方

〈たけのこの下ごしらえ〉

1 たけのこは皮付きのまま根元を2cm切り落とし、穂先の先端を斜めに切る。縦に深さ1cmくらいの切り目を1本入れ、鍋に入れ、ひたひたの水、Aを加えて煮立て、弱火にして1時間ほどゆでる。途中、たけのこが湯から出てきたら、水を足す。火を止めて、そのまま冷めるまでおいてアク抜きする（できれば一晩おくとよい）。

2 たけのこを洗って米ぬかを落とし、かたい皮をむく。根元の突起の部分は割り箸などでこそげ落とす。底は包丁で薄く削る。穂先を切り離してかたい皮をむき、姫皮＊を取り出す。残りの部分を縦半分に切る。鍋にたっぷりの水、たけのこを入れて火にかけ、ひと煮立ちしたらざるに上げ、水にさらす。

〈煮る〉

3 鍋にたけのこ、煮汁の材料を入れて一度煮立てて中火で20分ほど煮て、そのまま冷ます。

4 わかめは水で戻してさっと洗ってざく切りにして、温めた3に加えてさっと煮る。たけのこ4つはそれぞれ縦に4つに切り、姫皮とともに器に盛り、わかめを添えて煮汁を注ぐ。木の芽をのせる。

あぶり鶏の親子丼

コツ 1 鶏肉の皮を香ばしくあぶり焼く

鶏肉は煮る前に皮をパリッと焼くと、香ばしさが出て旨みが増します。切らずに焼くと、旨みが逃げず、やわらかく。その後、火が入りやすいそぎ切りにします。香ばしさでご飯がおいしくすすみます。

コツ 2 卵は溶かずに入れ、とろとろ白身にだしを含ませる

だしの風味は白身にしみ込みやすいので、卵は溶かずに鍋に入れます。白身が1カ所に片寄らないように黄身からはがすようにして混ぜると、だし汁の含みもよく、卵がふんわり仕上がります。仕上げに黄身をくずしてふわとろに。

鶏肉好きの僕としては、親子丼の鶏肉をあぶったら、旨いんじゃないか、と。そして自分で言うのもなんですが、作ってみたら、予想以上の美味でした。"カスタマイズ"は料理の醍醐味です。

材料（2人分）

鶏もも肉 … 150g
〈煮汁（混ぜ合わせる）〉
　だし汁 … 120mℓ
　醤油、みりん … 各大さじ2
　砂糖 … 小さじ1
卵 … 2個
長ねぎ（斜め薄切り） … ½本
温かいご飯 … 丼2杯分
三つ葉（1cm長さに切る）
　… 3本
焼きのり（細切り） … ¼枚

1人分 608kcal　**塩** 3.0g

作り方

1 鶏肉は2つに切る。コンロに焼き網をのせて火にかけ、網が熱くなったら、皮を下にして鶏肉を焼く。香ばしい焼き色がついたら、1cm幅のそぎ切りにする。

2 小鍋に煮汁、鶏肉、長ねぎの各半量を入れて火にかける。鶏肉の表面の色が変わったら、卵1個を溶かずに加え、白身を黄身からはがすように菜箸で全体に広げながら混ぜ、固まり始めたら、黄身をくずして火を止め、三つ葉をちらす。残りも同様に作る。

3 丼にご飯を盛り、2をかけ、のりをのせる。

プロのひと技

鶏肉は、焼いてから煮るので皮に香ばしい焼き色がつけばよい。卵に火を通しているうちにかたくならず、ふんわり煮えます。

だし香るとろとろの卵、
香ばしい鶏肉、熱々ご飯は
反則ワザの組み合わせ。

鶏そぼろ炒り卵丼

しっとりした鶏そぼろ、
そのつゆがしみたご飯にやさしい甘さの
炒り卵は、万人にとって至福の味。

コツ 1　鶏ひき肉は混ぜて煮汁を吸わせてから火にかけ、しっとりつゆだくに

鶏ひき肉は、たっぷりの冷たい煮汁に入れてから火にかけ、混ぜながら徐々に温度を上げ、ほぐしながら火を通せば、しっとりジューシーに。最初は濁った感じの煮汁が少し透き通ったら火が入ったサイン。6本の菜箸で混ぜるとほぐれやすく、失敗しません。

コツ 2　ふんわり炒り卵は弱火でしっとりやわらかく

よく混ぜて空気を含ませた卵液を、フライパンが冷たいうちに入れて弱火にかけ、かき混ぜながら火を入れます。しっとりと固まり始めたら、すぐに火を止めて取り出します。火が入りすぎるとパサついてしまいます。

何てことないけれど安心できる。老若男女から愛される。そんな料理は作れるにこしたことはありません。炒り卵も鶏そぼろもちょっとしたコツで断然おいしく。鶏そぼろは、今はこの味。失敗なくしっとりします。

材料（2人分）

〈鶏そぼろ〉
　鶏ひき肉 … 200g
　〈煮汁〉
　　酒、醤油、みりん … 各50㎖
　　水 … 200㎖
〈炒り卵〉
　〈卵液（よく混ぜる）〉
　　卵 … 2個
　　だし汁 … 大さじ3
　　砂糖 … 大さじ1
　　塩 … ひとつまみ
　サラダ油 … 大さじ1
絹さや … 20枚
〈ごまあえ衣〉
　塩、砂糖 … 各ひとつまみ
　ごま油 … 小さじ2
　白炒りごま … 少々
温かいご飯 … 丼2杯分
塩 … 少々

1人分 805kcal　塩 5.7g

作り方

1. 鍋に煮汁の材料とひき肉を入れてから、火にかける。菜箸6本でかき混ぜながら、煮る。火が通ったら、そのまま冷ます。

2. フライパンにサラダ油をひき、卵液を流し入れて弱火にかけ、絶えず菜箸でかき混ぜる。卵がしっとりと固まり始めたら、火を止めてバットに移す。

3. 絹さやは筋を除いて塩ゆでし、ざるに上げて冷ます。5㎜幅の斜め切りにしてボウルに入れ、ごまあえ衣の材料を加え、味がなじむまであえる。

4. 丼にご飯を盛り、鶏そぼろの煮汁をたっぷりとかける。鶏そぼろ、炒り卵、絹さやをのせる。

[プロのひと技]

絹さやは塩ゆでしてそのままのせてもいいですが、ごまであえて添えるとお店で食べるそぼろ丼に。

卵焼き

コツ 2
最後のひと巻きに集中して途中はなかったことに

厚焼き卵は、途中で多少失敗したなと思っても、最後のひと巻きをきれいに決めれば、リカバリーできるものです。卵液を加える時に、卵焼きの端を少し持ち上げて卵液を流し込むと結着がよくなります。

コツ 1
生焼けにならないよう、最初は強火、後は中火で

卵焼きの生焼けは、おいしくないものです。卵焼き器を、卵液を流し入れたらジュッと音がするくらいにしっかり熱しておけば、8割がた卵焼きはうまく焼けます。その後は終始中火で。最初の温度が低いと、卵がぐずぐずに。

卵焼きの甘さを程よく決めるのは意外と難しいですが、この配合なら、間違いなし。喜ばれ、また作りたくなります。冷めてもおいしいから、お弁当のおかずにも。

材料（作りやすい分量）

卵 … 3個
A ┃ だし汁 … 大さじ3
　 ┃ 砂糖 … 大さじ1
　 ┃ 醤油 … 小さじ1
サラダ油 … 大さじ1
全量 304kcal　塩 1.4g

作り方

1. ボウルに卵をしっかり溶きほぐし、Aを混ぜる。卵焼き器を強火で熱し、サラダ油少々を入れてキッチンペーパーで薄く広げる。充分に熱して油がなじんだら中火にし、卵液の1/3量を流し入れて全体に広げる。ふくらんだ泡をつぶす。

2. 表面が乾き始めたら、卵を奥から手前に巻く。油を含ませたキッチンペーパーで奥を拭き、卵焼きを奥にすべらせ、空いた手前をキッチンペーパーで拭き、油をなじませる。卵液の1/3量を流し入れ、卵焼きを持ち上げて下に卵液を流し、半熟状になったら、奥から手前に巻く。同様にもう1回くり返して焼く。食べやすい大きさに切って器に盛る。

笠原家では、甘い卵焼きが定番。
茶色いおかずやご飯が
よりおいしく輝きます。

そら豆の豆乳卵焼き

そら豆でアレンジ

卵液に豆乳を入れると、まろやかな味に。ホクホクしたそら豆をたっぷり使うのが旨い。

材料（作りやすい分量）

- そら豆（薄皮をむいた正味）…100g
- 卵…3個
- A
  - 豆乳（無調整）…大さじ3
  - 薄口醤油…小さじ½
  - 砂糖…小さじ1
- 塩…適量
- サラダ油…大さじ1

全量 406kcal　塩 1.8g

作り方

1. そら豆は30秒ほどゆでて湯から上げ、塩少々をふって、粗いみじん切りにする。
2. ボウルに卵を溶きほぐし、そら豆、Aを加えてよく混ぜる。
3. 卵焼き器にサラダ油を強火で熱してなじませ、中火にし、2の卵液を3回に分けて流し入れ、巻きながら焼く。食べやすい大きさに切って器に盛り、塩を添える。

とうもろこしの卵焼き

とうもろこしでアレンジ

旬の野菜を混ぜれば、卵焼きに季節感が出せます。砂糖は入れず、とうもろこしの甘みを生かして。

材料（作りやすい分量）

- とうもろこし…½本
- 卵…3個
- A
  - だし汁…大さじ3
  - 醤油…小さじ1
- サラダ油…大さじ1
- マヨネーズ…適量

全量 488kcal　塩 1.9g

作り方

1. とうもろこしはゆでて皮をむいて半分に切り、包丁で粒をこそげ取って軽く刻む。
2. ボウルに卵を溶きほぐし、とうもろこし、Aを加えてよく混ぜる。
3. 卵焼き器にサラダ油を強火で熱してなじませ、中火にし、2の卵液を3回に分けて流し入れ、巻きながら焼く。食べやすい大きさに切って器に盛り、マヨネーズを添える。

とうもろこしのおいしいゆで方

夏になるのが待ち遠しいほどとうもろこしが好きな僕が試行錯誤して編み出したゆで方です。とうもろこしは皮を1枚残してあとはむく。湯の重量の1％の塩を入れた熱湯に入れ、再沸騰したら3〜4分ゆで、ざるに上げる。

PART 3

簡単でもおいしくできる！
サッと作れる！
時短レシピ

和食のハードルを自分で上げている。結構あります、このケース。

季節の野菜をフライパンで焼いて、醤油をジュッとかけて食べる。これも、和食です。

ですから、家庭向けの和食のレシピは、より作りやすいようにしています。

切りやすい、味に適した切り方に。

調理手順はムダなく。結果、時短になります。

失敗しやすい工程は、見直して変えてみる。

食材の組み合わせや、味つけのタイミング、調味料の配合を単純にする、などなど。

このブロックでは、サッと作れてそうは見えない料理をご紹介。

今までの経験をふまえて簡単にしたレシピだから、もちろん、味は太鼓判です。

肉と野菜の10分まで煮

フライパンひとつで肉と野菜をさっと煮るだけなのに、時間をかけたようなおいしさになるのが煮もののいいところ。温かくてやさしい味に元気が出ます。

焼いてから煮ると、飲み干したくなるほど上品な旨みの煮汁に。鶏肉はふっくらやわらか。

鶏豆腐

材料（2人分）

鶏もも肉 … 1枚（250g）
木綿豆腐 … 1丁
長ねぎ … 1本
しいたけ … 4枚
水菜 … ¼束
塩 … 少々
〈煮汁（混ぜ合わせる）〉
　だし汁 … 600mℓ
　醤油、みりん … 各大さじ2
ゆずの皮（せん切り）… ¼個分
一味唐辛子 … 少々

1人分 426kcal　**塩** 3.6g

作り方

1 長ねぎは斜め薄切りに、しいたけは軸を除いて飾り切りする。水菜は5cm長さに切る。豆腐はキッチンペーパーに包んで水気をきり、8等分に切る。

2 鶏肉は一口大に切り、軽く塩をふる。

3 フライパンに2を皮を下にして入れて焼く。焼き色がついたら、煮汁を加えてひと煮立ちさせ、1を加えて5～6分煮る。器に盛り、ゆずの皮をのせ、一味唐辛子をふる。

90

鶏手羽の旨みがしみた冬瓜がとろり。梅干し風味の煮汁でさっぱりと。

冬瓜と鶏手羽の梅煮

材料（2人分）

冬瓜 … 1/4個
鶏手羽先 … 6本
〈煮汁〉
　水 … 600ml
　昆布 … 5g
　薄口醤油、みりん
　　… 各大さじ2
梅干し … 4個
塩 … 少々
青じそ（せん切り）
　… 5枚

1人分 228kcal
塩 3.3g

作り方

1. 冬瓜は皮をむいて種とワタを除き、5cm角に切り、皮側に塩をすり込み、やわらかくなるまで10分ほどゆでる。冷水にさらしてざるに上げ、水気をきる。

2. 手羽先は関節に包丁を入れ、細い方を切り落とす（太い方を使う）。

3. フライパンに2を並べ入れ、4～5分ほど両面にしっかり焼き色がつくまで焼く。煮汁の材料、梅干しを加えてひと煮立ちさせ、冬瓜を加えてアルミホイルで落とし蓋をして10分ほど煮る。器に盛り、青じそをのせる。

鶏肉とにんにくの照り煮

材料（2人分）

鶏もも肉 … 1枚
にんにく … 2玉
エリンギ … 2本
〈煮汁（混ぜ合わせる）〉
　酒 … 150ml
　みりん … 150ml
　醤油 … 60ml
サラダ油 … 大さじ1
粗びき黒こしょう
　… 少々
小ねぎ（小口切り）
　… 3本

1人分 579kcal
塩 3.2g

作り方

1. 鶏肉、エリンギは一口大に切る。にんにくは皮をむく。

2. フライパンにサラダ油を熱し、鶏肉を皮を下にして焼く。焼き色がついたら、にんにく、エリンギを加えて炒め合わせる。全体に油をよくなじませ、煮汁を加えて一度煮立て、アルミホイルで落とし蓋をして弱火で10分ほど煮る。アルミホイルを取り、黒こしょうをふって強火で1分ほど火を入れ、器に盛り、小ねぎをちらす。

にんにくを煮ると、ほくほくとしていい香りに。

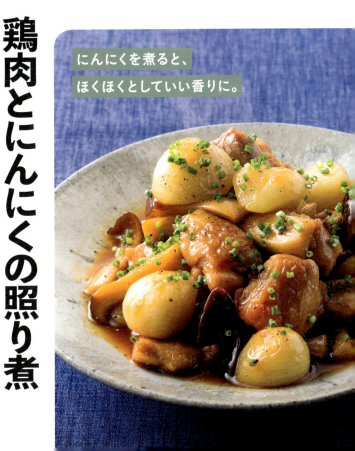

豚バラ薄切り肉でさっと満足おかず

旨みとコクがある豚バラ肉は、野菜とさっと炒める、さっと煮るだけで、コクのある満足度の高いおかずに。

長芋の豚肉巻き梅照り焼き

梅風味の甘辛い照り焼きだれにサクサク食感の長芋が軽やか。

材料（2人分）

豚バラ薄切り肉 … 10枚（200g）
長芋 … 150g
梅干し … 2個
〈照り焼きだれ〉
　酒、みりん … 各大さじ2
　醤油、水 … 各大さじ1
小麦粉 … 適量
サラダ油 … 大さじ1
貝割れ菜 … ½パック
大根おろし … 100g

1人分 524kcal　塩 3.2g

作り方

1. 梅干しは種を除いて包丁で叩き、照り焼きだれの材料と混ぜる。

2. 長芋は皮をむき、1cm角、6〜7cm長さの棒状に10本切る。豚肉1枚で長芋1本をくるくると巻き、小麦粉を薄くまぶす。残りも同様に巻く。

3. フライパンにサラダ油を熱し、2を全面に焼き色がつくまで焼く。油を拭いて1のたれを加え、煮からめる。器に貝割れ菜をしき、肉巻きをのせ、大根おろしを添える。

ふきと豚バラの炒め煮

材料（2人分）
- 豚バラ薄切り肉 … 200g
- ふき … 3本
- 塩 … 少々
- A（混ぜ合わせる）
  - 酒 … 大さじ3
  - 醤油 … 大さじ2
  - 砂糖 … 大さじ1
- サラダ油 … 大さじ1
- 白炒りごま、粉山椒 … 各適量

1人分 502kcal　塩 2.8g

豚バラと香りのある野菜をさっと炒めるだけで、ワンランク上の炒めものに。

作り方

1. ふきは鍋に入る長さに切って塩で板ずりし、沸騰した湯で3〜4分ゆで、水にさらす。筋を除き、5cm長さに切る。豚肉は1cm幅に切る。
2. フライパンにサラダ油を熱し、ふき、豚肉を3分ほど炒める。豚肉に火が通ったら、Aを加えて煮からめ、仕上げに白ごま、粉山椒をふる。

豚バラとささがきごぼうの小鍋

豚バラの旨み、だしとごぼうの香りがきいた熱々のおつゆは、おかずにもなり、汁ものにもなり。

材料（2人分）
- 豚バラ薄切り肉 … 150g
- ごぼう … 80g
- 三つ葉（5cm長さに切る）… 5本
- 〈つゆ〉
  - だし汁 … 600ml
  - 薄口醤油、みりん … 各大さじ2
- 青ゆずの皮（すりおろす）… 少々
- 粗びき黒こしょう … 適量

1人分 384kcal　塩 3.3g

作り方

1. ごぼうは皮をよく洗ってささがきにし、水でさっと洗って水気をきる。豚肉は5cm幅に切り、さっとゆでて水にさらし、ざるに上げて水気をきる。
2. 鍋につゆの材料、ごぼうを入れ、やわらかくなるまで煮る。豚肉、三つ葉を加えてひと煮立ちしたら、青ゆずの皮、黒こしょうをたっぷりとふる。

使うだけでごちそう!
牛肉でバリューメニュー

薄切り肉でも、さすがは牛肉。香りと旨みが違います。特に、牛肉と相性のいい野菜を使った3品はひと味違う逸品に。

貝割れ菜の牛肉巻き焼き

材料（2人分）

牛薄切り肉（すき焼き用）… 6枚（300g）
貝割れ菜 … 2パック
塩、粗びき黒こしょう … 各少々
サラダ油 … 大さじ1
〈甘辛だれ（混ぜ合わせる）〉
　醤油、みりん、酒 … 各大さじ1
〈グレープフルーツポン酢（作りやすい分量）〉
　グレープフルーツ果汁、酢 … 各50ml
　醤油 … 大さじ4
　みりん … 大さじ2
大根おろし … 大さじ4
すだち（半分に切る）… 1個

1人分 588kcal　塩 3.0g

作り方

1 牛肉1枚で貝割れ菜1/6量を巻く。残り5枚も同様に巻く。半量（3本）に塩、黒こしょうをふる。

2 フライパンにサラダ油を熱し、塩、黒こしょうをふった牛肉巻きを巻き終わりを下にして入れ、転がしながら全面を香ばしく焼いて取り出す。残りの牛肉巻きを焼き、焼き色がついたら脂をキッチンペーパーで拭き、甘辛だれを加えて煮からめる。

3 器に食べやすく切った牛肉巻きを盛り、大根おろし、すだち、材料を混ぜ合わせたグレープフルーツポン酢を添える。

牛肉の脂の甘みによく合う、ピリッと辛い貝割れ菜。グレープフルーツのポン酢でさわやかに。

牛肉と玉ねぎの塩すき焼き

玉ねぎの甘みと牛肉の脂は相性抜群。
塩割下で、それぞれの味が際立ちます。

材料（2人分）

- 牛ロース肉（すき焼き用）… 200g
- 玉ねぎ … 1個
- 絹さや … 10枚
- 〈塩割下（混ぜ合わせる）〉
  - 酒、みりん … 各大さじ2
  - 塩 … 小さじ1
- 牛脂（なければサラダ油）… 大さじ1
- 塩、粗びき黒こしょう … 各少々

1人分 551kcal　塩 3.5g

作り方

1. 玉ねぎは半分に切り、繊維を断つように1cm幅に切る。絹さやは筋を除く。
2. フライパンに牛脂を入れて熱して溶かし、玉ねぎに塩少々をふって炒め、少し色づいてしんなりしたら取り出す。絹さやを入れ、塩少々をふり、両面を焼いて取り出す。フライパンをきれいに拭く。
3. 同じフライパンに牛肉を広げて入れ、両面に焼き色をつけ、塩割下を加えて煮からめる。器に玉ねぎ、牛肉、絹さやを盛り、黒こしょうをふる。

牛肉ときのこのしぐれ煮

しょうががきいた牛肉のしぐれ煮に
きのこの香りと旨みが加われば、
箸が止まらないおかずに。

材料（2人分）

- 牛切り落とし肉 … 200g
- しいたけ … 4枚
- えのきたけ、しめじ … 各1パック（計200g）
- 〈煮汁〉
  - 酒、水 … 各150ml
  - 醤油 … 大さじ3
  - 砂糖 … 大さじ2
- しょうが（せん切り）… 20g
- 小ねぎ（小口切り）… 適量

1人分 384kcal　塩 4.0g

作り方

1. しいたけは軸を除き、薄切りにする。えのきは根元を除き、しめじは石づきを除いてほぐす。牛肉はさっとゆで、ざるに上げる。
2. 鍋に煮汁の材料を入れてひと煮立ちさせ、牛肉ときのこを加えて煮る。煮汁が半量くらいになったらしょうがを加え、煮汁がほぼなくなるまで煮つめる。器に盛り、小ねぎをちらす。

豚ねぎ天と紅しょうが天

ふんわり衣に包まれた甘いねぎと
ほどよい辛みの紅しょうが。
安価な材料でも揚げるだけで、ごきげんな一品に。

材料（2人分）

豚バラ薄切り肉 … 10枚（150g）
長ねぎ … 3cm長さのぶつ切り×10個
紅しょうが … 50g
〈衣（混ぜ合わせる）〉
　卵黄 … 1個
　冷水 … 150ml
　小麦粉 … 90g
小麦粉、揚げ油、塩 … 各適量
すだち（半分に切る）… 1個

1人分 777kcal　**塩** 2.3g

作り方

1　長ねぎは包丁でじゃばらに切り目を入れる。豚肉1枚で長ねぎ1個を、くるくると巻く。巻き終わりを指で押してくっつけ、ようじでとめる。残りも同様に巻く。紅しょうがは汁気をきる。

2　豚ねぎ巻きを衣にくぐらせ、170℃の揚げ油で3〜4分揚げ、油をきる。一口大にまとめた紅しょうがに小麦粉を薄くまぶして衣をつけ、同じ油で3〜4分揚げ、油をきる。器に盛り、塩、すだちを添える。

揚げたてサイコー！肉の揚げもの♥

熱々。ふんわり。
肉の揚げものは、理屈抜きに旨い。
肉天、肉フライも意外に簡単。
ぜひ家で揚げたてを。

いそべハムカツ

材料（2人分）

ハム … 12枚
焼きのり（全形）… 1枚
A│（混ぜ合わせる）
　│練り辛子 … 小さじ2
　│みりん … 小さじ1
溶き卵 … 1個分
小麦粉、パン粉、揚げ油 … 各適量
おろししょうが … 1片分
醤油 … 適量
［つけ合わせ］
キャベツ（せん切り）… 適量
レモン（半月切り）… 2切れ

1人分 292kcal　**塩** 2.5g

作り方

1　のりは8つに切る。ハムにAを塗り、のり、ハムの順に重ねてAを塗り、のり、ハムをのせる。同様に全部で4組作る。

2　1に小麦粉、溶き卵、パン粉の順に衣をつけ、170℃の揚げ油で3分ほど揚げ、油をきる。半分に切って器に盛る。おろししょうが、醤油をつけていただく。

チキンカツ なめたけソース

材料（2人分）

鶏もも肉 … 2枚
塩 … 少々
溶き卵 … 1個分
小麦粉、パン粉、揚げ油
　… 各適量
〈なめたけソース〉
A ｜ えのきたけ … 1パック
　｜（混ぜ合わせる）
　｜ 酒、醤油、
　｜　トマトケチャップ
　｜　… 各大さじ2
　｜ みりん … 大さじ1
[つけ合わせ]
キャベツ（せん切り）… 1/6個
ミニトマト … 4個
レモン（半月切り）… 2切れ

1人分 1008 kcal　**塩** 4.6g

作り方

1　鶏肉は皮をはぎ、皮は細切りにする。身は両面に塩をふる。

2　えのきは3等分に切ってほぐす。フライパンで鶏皮を炒め、脂が出てきたら、えのきを加えてしんなりするまで炒めてAで味つけし、とろみがついたら、火を止める。

3　鶏肉に小麦粉、溶き卵、パン粉の順に衣をつけ、170℃の揚げ油で5〜6分揚げ、油をきりながら1〜2分休ませる。一口大に切って器に盛り、なめたけソースをかける。

やわらかく揚げたチキンカツには、
旨みたっぷりのヘルシーなソースを。
鶏肉の上品な旨みが引き立つ仕立てです。

おばあちゃんが好きだった
のりとハムをハムカツに。
薄いハムが軽やか。
のりの香りと辛子の辛みがいい余韻。

相当イケます。野菜ひとつのおかず

和食には、野菜1種だけを使った野菜本来のおいしさが味わえる簡単に作れるおかずがたくさんあります。

焼き辛子れんこん

焼くだけで、れんこんが甘くなり、辛子味噌の香りと絶妙なバランスに。

材料(2人分)

れんこん … 300g
〈辛子味噌〉
A ｜ 粉辛子 … 大さじ3
　　白味噌、酢、砂糖、醤油 … 各小さじ1
B ｜（混ぜ合わせる）
　　削り節 … 5g
　　醤油 … 少々
サラダ油 … 大さじ2

1人分 264kcal　塩 1.0g

作り方

1. 粉辛子は同量のぬるま湯(分量外)で溶いてラップをして20分ほどおき、辛みを出す。Aと混ぜ合わせる。

2. れんこんは皮をむき、沸騰した湯で1分ほどゆで、水にさらす。5mm厚さの輪切りにし、穴の中の水気を拭く。1枚に辛子味噌をぬり、もう1枚を重ねる。残りも同様に作る。

3. フライパンにサラダ油を熱し、2の両面をじっくりカリッと焼く。器に盛り、Bを添える。

ミニトマトの梅あえ

はちみつと梅干しで、ミニトマトがまろやかに。
混ぜるだけで手をかけたような味に。

材料（2人分）
- ミニトマト … 10個
- 梅干し … 2個
- A　薄口醤油、はちみつ … 各小さじ1
　　サラダ油 … 大さじ1
- 青じそ（せん切り）… 5枚

1人分 85kcal　塩 2.3g

作り方

梅干しは種を除き、包丁で叩いてボウルに入れ、Aと混ぜ合わせる。ミニトマトを縦半分に切ってあえる。器に盛り、青じそをのせる。

かぼちゃの田舎煮

だし汁を使わずに煮干しで素朴に煮ると、かぼちゃの風味が生きるので、長年この作り方です。

材料（2人分）
- かぼちゃ … ¼個
- 煮干し … 10本
- 〈煮汁〉
　水 … 200㎖
　醤油 … 大さじ1
　砂糖、みりん … 各大さじ2

1人分 209kcal　塩 1.8g

作り方

1. かぼちゃは種とワタを除いて一口大に切り、ところどころ皮をむく。煮干しは頭と内臓を除く。
2. フライパンにかぼちゃの皮を下にして並べ、煮汁の材料、煮干しを加えて火にかける。煮立ったら中火にし、アルミホイルで落とし蓋をして10分ほど煮る。落とし蓋を取り、煮汁がほとんどなくなるまで煮て、火を止める。

なすのたたき

材料（2人分）

- なす … 3本
- A
  - みょうが（小口切り）… 2個
  - 長ねぎ（小口切り）… ⅓本
  - 青じそ（せん切り）… 5枚
  - しょうが（せん切り）… 10g
  - 貝割れ菜（3等分に切る）… ⅓パック
- 塩 … 少々
- サラダ油 … 大さじ2
- B （混ぜ合わせる）
  - 酢、醤油、だし汁 … 各大さじ3
  - みりん … 大さじ1
- 大根おろし … 150g

1人分 208kcal　塩 4.3g

作り方

1. Aは水にさらして混ぜ、シャキッとしたら、水気をきる。なすは一口大の乱切りにする。
2. フライパンにサラダ油、なすを入れて塩をふって焼く。焼き色がついたら器に盛る。大根おろしをのせてBをかけ、Aをちらす。

弾力のある焼きなすに、香味野菜の香りと小気味いい食感。肉や魚に負けない食べ応えです。

麻婆翡翠なす

材料（2人分）
- なす … 4本
- 鶏ひき肉 … 100g
- 長ねぎ（小口切り）… ½本
- A
  - だし汁 … 300㎖
  - 薄口醤油 … 大さじ1½
  - みりん … 大さじ1
  - ゆずこしょう … 小さじ⅓
  - 塩 … ひとつまみ
- サラダ油 … 大さじ2
- 水溶き片栗粉（片栗粉大さじ1を同量の水で溶く）… 全量

1人分 282kcal　塩 3.2g

皮をむいて炒めるととろりとし、きれいな翡翠色に。鶏そぼろあんをからめて、やさしく仕上げます。

作り方
1. なすは皮をむき、縦に4つ割りにする。
2. フライパンにサラダ油を熱し、ひき肉、長ねぎを炒め、ひき肉に火が通ったら、なすを加えて炒める。しんなりしたらAを順に加え、なすに火が通るまで5～6分煮る。水溶き片栗粉でとろみをつける。

オクラの梅マヨネーズ

ゆでオクラの塩気と食感が絶妙。甘めの梅干しとマヨネーズでまろやかに。

材料（2人分）
- オクラ … 8本
- 〈梅マヨネーズ〉
  - 梅干し（はちみつ漬け）… 1個
  - マヨネーズ … 大さじ2
- 塩、削り節 … 各少々

1人分 100kcal　塩 1.1g

作り方
1. 梅干しは種を除き、包丁で叩いてマヨネーズと混ぜる。
2. オクラは塩で板ずりし、ガクを削る。沸騰した湯で45秒ほどゆでて氷水にさらし、水気をしっかりと拭き、先を少し切る。器に盛り、削り節をかけ、梅マヨネーズを添える。

湯びきレタス ごまソース

レタスはさっとゆでると、香りがよく、生とは違う食感に。コクのあるごまソースでペロリと食べられます。

材料（2人分）

レタス … 1個
塩 … 少々
〈ごまソース（混ぜ合わせる）〉
　白練りごま … 100mℓ
　煮切り酒*、酢 … 各大さじ2
　醤油、はちみつ … 各大さじ1
白炒りごま … 適量
一味唐辛子 … 少々

1人分 364kcal　塩 1.7g

＊煮切り酒の作り方…鍋に酒を入れて火にかけ、アルコール分をとばす。

作り方

1　レタスは1枚ずつはがす。鍋にたっぷりの湯を沸かし、塩を加えて、レタスを2～3回に分けて入れる。さっとゆでて冷水にさらし、水気をきる。

2　器にレタスを盛ってごまソースをかけ、白ごま、一味唐辛子をふる。

冬瓜マリネ

冬瓜は塩をまぶしてからゆでると味が入りやすくなります。
ツナのアクセントで冬瓜を味わう、あっさりサラダ。

材料（2人分）

冬瓜 … ¼個
ツナ缶（オイル漬け）… 1缶（70g）
塩 … 少々
A | サラダ油、酢 … 各大さじ2
　 | 薄口醤油、みりん … 各大さじ1
粗びき黒こしょう … 少々
白炒りごま … 大さじ1
1人分 286kcal　**塩** 2.0g

作り方

1. 冬瓜は薄く皮をむいて種とワタを除き、1cm角、4～5cm長さの棒状に切る。塩をまぶし、さっとゆでてざるに上げ、湯をきる。

2. ボウルにツナ缶をオイルごと、A、冬瓜を熱いうちに入れてあえ、冷蔵庫で30分ほどなじませる。器に盛り、黒こしょう、白ごまをふる。

焼きピーマンのりあえ

ピーマンは、焼き色がしっかりつくまで皮を焼くと、いい食感と香りが残ります。

材料（2人分）

ピーマン … 4個
焼きのり（全形）… 1枚
しらす干し … 20g
A | ごま油 … 大さじ1
　 | 醤油 … 小さじ1
1人分 85kcal　**塩** 0.9g

作り方

1. ピーマンは縦半分に切って種を除き、横に3等分に切る。フライパンを強火で熱し、ピーマンを皮を下にして入れる。皮が香ばしく焼けたら、裏返してへらなどで押さえつけながら焼き、しんなりしていい香りがしたら、火を止める。

2. ボウルにピーマン、ちぎったのり、しらす干しを入れ、Aでさっとあえる。

材料（2人分）

- レタス … 1/3個
- 削り節 … 5g
- 油揚げ … 4枚
- レモン（半月切り）… 1切れ
- 〈納豆だれ〉
  - 納豆 … 1パック（50g）
  - 醤油 … 大さじ2
  - みりん … 大さじ1
  - 白すりごま … 小さじ2
  - 練り辛子 … 小さじ1/2
  - 小ねぎ（小口切り）… 3本

1人分 389kcal **塩** 2.9g

作り方

1. 納豆は軽く包丁で叩いてボウルに入れ、残りの納豆だれの材料を加えて混ぜ合わせる。

2. レタスは細切りにして削り節とあえる。油揚げを半分に切り、袋状にしてレタスを詰める。フライパンで両面にこんがりとした焼き色がつくまで焼く。器に盛り、レモン、納豆だれを添える。

きつねレタス

シャキシャキのレタスは、おかかで風味と旨みをアップ。焼いた油揚げの香ばしさと、納豆だれがよく合います。

カリフラワーの土佐煮

材料（2人分）
カリフラワー … 1個
削り節 … 10g
ごま油 … 大さじ1
A ┃ だし汁 … 300mℓ
　┃ 醤油、みりん … 各大さじ1½
木の芽 … 適量

1人分 158kcal　**塩** 1.5g

作り方
1. カリフラワーは小房に分ける。
2. フライパンにごま油を熱し、カリフラワーを焼き色がつくまで炒める。Aを加え、アルミホイルで落とし蓋をして7〜8分煮て、削り節を加え、煮からめる。器に盛り、木の芽をのせる。

だし汁と相性がいいカリフラワー。
口溶けよくほろりと煮えます。つい煮すぎないように。

じゃがいもと塩辛のグラタン

じゃがいもグラタンのソースに
白味噌を混ぜ、塩辛をのせて焼けば、
これぞやめられない止まらない味に。

材料（2〜3人分）
じゃがいも … 3個
にんにく（みじん切り）… 1片
A ┃ 〈ソース（混ぜ合わせる）〉
　┃ 牛乳 … 300mℓ
　┃ 生クリーム … 150mℓ
　┃ 白味噌 … 大さじ1
　┃ 粗びき黒こしょう … 少々
塩辛 … 50g
ピザ用チーズ … 50g

全量 1413kcal　**塩** 5.7g

作り方
1. じゃがいもは皮をむき、1cm厚さに切る。塩辛は粗く刻む。
2. 鍋にじゃがいも、にんにく、Aを入れて火にかけ、煮立ったら弱火にし、じゃがいもがやわらかくなるまで煮る。耐熱皿にソースごと入れ、塩辛、チーズをちらす。オーブントースターに入れ、チーズが溶けて香ばしい焼き色がつくまで3〜4分焼く。

白菜スティック鶏味噌ディップ

人気サラダを自分好みにカスタマイズ

自分好みにアレンジできる。これが、料理を自分で作る楽しみ。店の新メニューもこんなアレンジから生まれるものです。

材料（2人分）

- 白菜（内側の葉）…¼個分
- 〈鶏味噌（作りやすい分量）〉
  - 鶏ひき肉（もも）…100g
  - ごぼう…50g
  - しいたけ…2枚
  - サラダ油…大さじ1
  - A（混ぜ合わせる）
    - 味噌…100g
    - 酒…50mℓ
    - 砂糖…60g
    - 卵黄…2個
  - 粉山椒…適量
- マヨネーズ…大さじ4
- 白炒りごま…適量

1人分 344kcal　塩 3.5g

作り方

1. 鶏味噌を作る。ごぼうは皮をよく洗って2～3mm角のみじん切りにする。しいたけは石づきを除き、2～3mm角のみじん切りにする。フライパンにサラダ油を熱し、ごぼう、しいたけ、ひき肉を炒める。ひき肉に火が通ったらAを加え、弱火で水分をとばしながら炒める。ヘラで混ぜて跡が残るようになったら、粉山椒を加えて混ぜ、ボウルに移して冷ます。

2. 白菜を縦に1.5cm幅に切り、器に盛る。鶏味噌にマヨネーズを混ぜ、白ごまをふる。白菜につけていただく。

memo
マヨネーズを混ぜた鶏味噌は、冷蔵庫で1週間日持ちします。サンドイッチの具や、ゆでたうどんにからめても。鶏味噌はそのままご飯にのせて食べたり、炊いた大根やかぶにかけたり、なすと一緒に炒めても。

野菜スティックを白菜にするなら、濃厚で後を引く鶏味噌ディップに。白菜の甘みとみずみずしさが際立ちます。

卵サラダを桜えび、練り辛子を合わせて和風に。そら豆、グリーンピース、絹さやなど他の春豆でもおいしくできます。

桜えびと春豆の卵サラダ

材料（2人分）
卵 … 4個
スナップえんどう … 10本
桜えび（乾物）… 5g
塩 … 少々
A | マヨネーズ … 大さじ4
　| 醤油、砂糖、練り辛子
　| … 各小さじ½

1人分 342kcal　塩 1.3g

作り方

1　鍋に水と卵を入れて火にかけ、沸いたら弱火にして8分ゆでる。氷水にさらし、殻をむく。スナップえんどうは筋を除き、塩ゆでにして半分に切る。

2　ゆで卵を粗みじん切りにし、ボウルに入れ、スナップえんどう、桜えびを加え、Aであえる。

材料（2人分）
きゅうり … 1本
じゃがいも … 2個
塩 … 適量
A | マヨネーズ … 大さじ3
　| 梅肉 … 大さじ1
　| 砂糖 … 小さじ½
塩昆布 … 5g

1人分 222kcal　塩 2.5g

作り方

1　じゃがいもは皮をむいて一口大に切り、塩少々を入れたたっぷりの水に入れて火にかけ、ゆでる。竹串がスーッと通るまでやわらかくなったら、湯をきり、鍋に戻し、粉ふきいもにする。熱いうちに木べらでつぶし、Aを順に加えながら、その都度よくあえる。

2　きゅうりは塩少々で板ずりしてから洗う。長さを4等分に切り、縦に6等分に切る。じゃがいもとあえて器に盛り、刻んだ塩昆布をちらす。

もろきゅうの味噌の代わりにポテサラを。ポテサラには玉ねぎは入れず、梅の酸味でキリッとした大人味に。

ポテきゅう

熱々！サクサク！至福の野菜5分揚げ

野菜のかき揚げは、揚げてこその野菜の甘み、旨みが味わえるごちそう。揚げるのも簡単です。揚げれば、それが大げさではないのがわかります。

かき揚げをキャベツで手軽に。揚げたてのキャベツの甘み、桜えびの香ばしい香り。

キャベツと桜えびのかき揚げ

材料（2人分）

- A
  - キャベツ … 1/4個
  - 桜えび（乾物）… 15g
  - 小ねぎ（小口切り）… 5本
- 小麦粉 … 適量
- 〈衣（混ぜ合わせる）〉
  - 卵 … 1個
  - 冷水 … 100ml
  - 小麦粉 … 50g
- 〈マヨソース（混ぜ合わせる）〉
  - マヨネーズ … 大さじ2
  - 中濃ソース … 大さじ1
  - 練り辛子 … 小さじ1/3
- 揚げ油、レモン … 各適量

1人分 560kcal　塩 1.0g

作り方

1. キャベツは粗みじん切りにする。ボウルにAを入れて混ぜ、全体に薄く小麦粉をまぶす。衣を加えて混ぜ、ゆるければ小麦粉少々（分量外）を加えて調整する。

2. 1の1/10量を木べらにのせて形を整えたら、170℃の揚げ油に鍋のふちからすべり入れる。しばらく触らずに2分ほど揚げ、表面が固まってきたら裏返して2分ほど揚げる。カリッとしたら取り出し、油をきる。器に盛り、レモン、マヨソースを添える。

辛みのおだやかな新しょうがを具として
たっぷり使います。揚げているそばから、
しょうがのさわやかな香り。

新しょうがと豚こまのかき揚げ

材料（2人分）

新しょうが … 200g
豚こま切れ肉 … 150g
三つ葉（3cm長さに切る）… 5本
小麦粉 … 適量

〈衣（混ぜ合わせる）〉
　ビール … 120ml
　小麦粉 … 50g
ししとう … 4本
塩 … 適量
揚げ油 … 適量
すだち（半分に切る）… 1個

1人分 620kcal　**塩** 0.5g

作り方

1. 新しょうがは皮をむき、マッチ棒くらいの棒状に切る。豚肉はほぐす。新しょうが、豚肉、三つ葉をボウルに入れて混ぜ、小麦粉を薄くまぶす。衣を加え、全体に行き渡るように混ぜる。

2. 1の1/10量を木べらにのせて形を整えたら、170℃の揚げ油に鍋のふちからすべり入れる。しばらく触らずに揚げ、表面が固まってきたら裏返し、カリッとしたら取り出し、油をきる。ししとうはフォークで穴をあけて3〜4分素揚げし、油をきる。器に盛り、塩、すだちを添える。

とうもろこしの岩石揚げ

材料（2人分）

とうもろこし … 2本
オクラ（斜め半分に切る）… 4本
塩 … 少々
すだち … 1/2個

〈衣〉
　卵黄 … 2個
　小麦粉 … 大さじ4
揚げ油 … 適量

1人分 670kcal　**塩** 0.4g

作り方

1. とうもろこしは皮とひげを除き（ひげは取っておく）、包丁で粒をこそげ取る。ボウルに粒、衣の卵黄、小麦粉の半量を入れて混ぜ、納豆くらいのかたさが出るまで残りの小麦粉を少しずつ加えながら混ぜる。ゆるければ、小麦粉少々（分量外）を加えて調整する。

2. 手を水で濡らして、1を小さめのピンポン玉くらいに丸め、170℃の揚げ油で3〜4分揚げて油をきる。オクラ、とうもろこしのひげを素揚げし、油をきる。器に盛り、塩、半分に切ったすだちを添える。

毎年欠かさず作る、夏の揚げものの決定版。
衣を最小限にして、とうもろこしの甘みを満喫。

刺身でパパッと！ある時はおかず、ある時はつまみ

刺身を使えば、魚料理はもっと手軽で身近に。味つけを遊んでみると、思わぬ名作が生まれたりする楽しみもあります。

マグロに合う納豆と卵黄をソースに。小ねぎをたっぷりかけて香り豊かに。

カツオ片面焼き 梅らっきょうだれ

カツオは片面だけ焼き、身のなめらかさと香りの両方を楽しみます。

材料（2人分）

カツオ（刺身用さく）… 150g
〈梅らっきょうだれ〉
A
- 梅干し … 2個
- らっきょう（甘酢漬け・みじん切り）… 30g
- 小ねぎ（小口切り）… 3本
- サラダ油、醤油 … 各小さじ1

塩 … 少々
ごま油 … 大さじ1
青じそ … 6枚
白炒りごま … 適量
すだち … ½個

1人分 151kcal　塩 2.9g

作り方

1. 梅干しは種を除いて包丁で叩いてペースト状にし、Aと混ぜ合わせる。

2. カツオは1cm厚さに6切れに切り、両面に軽く塩をふる。フライパンにごま油を熱し、強火で片面だけ焼いて取り出す。器に青じそ、カツオを盛り、梅らっきょうだれをのせて白ごまをふり、すだちを添える。

マグロの小ねぎ納豆サラダ

材料（2人分）

- マグロ赤身（刺身用さく） … 150g
- 長芋 … 100g
- 〈納豆卵黄だれ〉
  - 納豆 … 2パック（90g）
  - 卵黄 … 2個
  - 醤油 … 大さじ2
  - ごま油 … 大さじ1
  - 練り辛子 … 小さじ½
- 小ねぎ（小口切り） … 10本
- 白炒りごま、刻みのり … 各適量

1人分 362kcal　塩 2.8g

作り方

1. 長芋は皮をむき、粗く刻む。納豆は包丁で軽く叩き、納豆卵黄だれの材料と混ぜ合わせる。マグロはぶつ切りにする。
2. 器にマグロ、長芋を盛り、納豆卵黄だれをかける。白ごまをふり、小ねぎ、刻みのりをのせる。

酔っぱらいカツオ オクラ添え

材料（2人分）

- カツオ（刺身用さく） … 150g
- A
  - 醤油 … 大さじ2
  - みりん … 大さじ⅔
  - 紹興酒 … 大さじ1⅔
  - おろししょうが … 小さじ½
- オクラ … 6本
- わかめ（塩蔵） … 30g
- B｜ごま油、醤油 … 各小さじ1
- 塩、白炒りごま … 各少々

1人分 151kcal　塩 2.6g

作り方

1. カツオは7mm厚さに切る。Aにカツオを15分ほど漬ける。
2. オクラは塩で板ずりしてから、20〜30秒ゆでて引き上げ、氷水にさらす。水気を拭き、小口切りにする。わかめは水で塩抜きしてざく切りにし、Bであえ、白ごまをふる。
3. 器にカツオ、オクラ、わかめを盛る。

上海ガニの紹興酒漬けのたれに漬けたら、いつものカツオがグレードアップ。予想以上のおいしさでした。

ごまブリ

ごまサバのように、脂ののったブリの刺身にも
ごまはよく合うもの。さっとできる
自家製のたれにからめてごまをたっぷりと。

材料（2人分）

ブリ（刺身用さく）… 100g
白炒りごま … 大さじ2
小ねぎ（小口切り）… 5本
〈たれ（作りやすい分量）〉
　醤油 … 200ml
　みりん … 50g
　酒 … 50ml
　昆布 … 3g
A｜わさび、紅たで … 各少々
　　すだち … ¼個

1人分 187kcal　**塩** 1.2g

作り方

1. 鍋にたれの材料を入れてひと煮立ちさせ、冷ます。白ごまはから炒りする。ブリは一口大のそぎ切りにする。
2. ボウルにブリ、白ごま、小ねぎを入れ、1のたれ大さじ2を加えてあえる。器に盛り、Aを添える。

いぶりがっこカルパッチョ

ブリの脂の甘みといぶりがっこの
ビターな香りは、
ずばり相性がいいんです。

材料（2人分）

ブリ（刺身用さく）… 150g
A｜いぶりがっこ（みじん切り）… 50g
　　小ねぎ（小口切り）… 5本
　　塩昆布 … 5g
　　ごま油 … 大さじ2
　　醤油 … 小さじ2
　　みりん … 小さじ1
　　粗びき黒こしょう … 少々
ラディッシュ（薄い輪切り）… 1個

1人分 339kcal　**塩** 2.5g

作り方

1. ボウルにAを入れてあえる。
2. ブリは7mm厚さの斜めそぎ切りにし、器に盛る。1をかけ、ラディッシュを飾る。

ブリアボカドのり巻き

ブリの甘い脂となめらかなアボカドが口の中でふわっと溶けます。のりの香りがアクセントに。

材料（2人分）

ブリ（刺身用さく）… 200g
アボカド … ½個
小ねぎ … 3本
焼のり（全形）… 1枚
練りわさび … 少々
すだち … ½個
醤油 … 適量

1人分 337kcal　塩 0.6g

作り方

1　ブリは薄く斜め切りにする。アボカドは皮と種を除き、縦に6つに切る。のりは半分に切る。小ねぎは切ったのりの幅に合わせて切る。

2　のり1枚を縦に置き、奥を4cmくらいあけ、ブリの半量を向きを互い違いに並べて敷き詰め、わさびをのせる。手前1cmくらいあけて、小ねぎ、アボカドの半量を置く。手前から奥にくるくるときつめに巻く。もう1本も同様に巻く。1本を4等分に切って器に盛り、すだち、醤油を添える。

魚はさくから叩くと、香りと旨みが違う。
どうせ叩くので 細かいことは気にせずに。

アジの2種たたき

材料（2人分）

アジ（刺身用・三枚におろしたもの）
　… 2尾
〈薬味野菜〉
　みょうが（みじん切り）… 1個
　青じそ（みじん切り）… 3枚
　小ねぎ（小口切り）… 3本
〈梅セロリ〉
　セロリ（みじん切り）… 50g
　梅干し … 2個
　白炒りごま … 少々
おろししょうが、貝割れ菜 … 各適量

1人分 114kcal　塩 2.0g

作り方

1. アジは皮をはぎ、触って手に当たる小骨は除く。半量は5mm幅に切り、薬味野菜とあえる。残り半量は粗いみじん切りにして、種を除いて叩いた梅干し、セロリとあえ、白ごまをふる。

2. 器に盛り、しょうが、貝割れ菜を添える。

アジの塩わさびなめろう

材料（2人分）

アジ（刺身用・三枚におろしたもの）
　… 1尾
A　みょうが（みじん切り）
　　… 1個
　　青じそ（みじん切り）… 3枚
　　塩、練りわさび … 各小さじ½
　　ごま油 … 小さじ1
白炒りごま … 少々
焼きのり（全形）… ½枚
すだち … ½個

1人分 76kcal　塩 1.7g

作り方

1. アジは皮をはぎ、触って手に当たる小骨は除く。包丁で粗く叩き、Aを加えてさっとあえる。

2. 器に盛って白ごまをふり、4等分に切ったのり、すだちを添える。

アジと焼きなすカルパッチョ

焼きなすをしょうが風味のソース仕立てに。
アジの脂との相性抜群。くり返し作りたくなる味です。

材料（2人分）

アジ（刺身用・三枚におろしたもの）… 2尾
〈焼きなすソース〉
　なす … 2本
　おろししょうが … 10g
　A｜ごま油、みりん … 各大さじ1
　　｜醤油 … 大さじ3
　B｜みょうが（みじん切り）… 2個
　　｜小ねぎ（小口切り）… 3本
　　｜白炒りごま … 大さじ1

1人分 234 kcal　塩 4.2g

作り方

1. なすは直火で、全体が焦げ、箸ではさんでみてやわらかくなるまで焼き、水にさらして手早く皮をむく。水気をきり、粗みじん切りにして、しょうが、Aと混ぜる。

2. アジは皮をはぎ、触って手に当たる小骨は除き、一口大のそぎ切りにして器に盛る。焼きなすソースをのせ、Bをちらす。

塩とわさびで味つけしたなめろうは、
アジの風味も楽しめ、
簡単に作ったとは思えない上等な味。

イカにんじん

ねっとりとしたイカとポリポリ食感のにんじんがクセになる組み合わせ。ゆずこしょうの香りをきかせて。

材料（2人分）

ヤリイカ（刺身用）… 1杯
にんじん … 1本
小ねぎ（小口切り）… 3本
塩 … 小さじ1
A｜サラダ油、薄口醤油、酢、みりん … 各大さじ1
　｜ゆずこしょう … 小さじ1/3

1人分 156kcal　塩 2.3g

作り方

1. にんじんは皮つきのまま、5cm長さのマッチ棒くらいの細切りにし、塩をまぶして10分ほどおく。先の細い部分はすりおろし、Aと混ぜ合わせる。
2. ヤリイカはさばき、胴とエンペラを細造りにする。
3. 細切りのにんじんの水気をしっかり絞り、Aであえ、ヤリイカを混ぜる。器に盛り、小ねぎをちらす。

memo
イカの足は焼いてマヨネーズをつけて食べるなど、他の料理の材料に。

シャキシャキした切り干し大根と弾力のあるタコを酸味のきいた甘酢ですっきりと。

材料（2人分）

ゆでダコの足 … 100g
切り干し大根（乾物）… 50g
〈甘酢だれ（混ぜ合わせる）〉
　水 … 300mℓ
　酢 … 200mℓ
　砂糖 … 大さじ5
　薄口醤油 … 大さじ1
　昆布 … 3g
　赤唐辛子（種を除く）… 1本
貝割れ菜 … 適量

1人分 185kcal　塩 1.2g

作り方

1. 切り干し大根は水に5分ほど浸けて戻し、しっかり絞って水気をきり、食べやすい長さに切る。タコは一口大に切る。甘酢だれに切り干し大根、タコを漬け、冷蔵庫で3時間以上おく。
2. 器に盛り、貝割れ菜をのせる。

紅白タコなます

切り干し大根とタコの酢漬け

材料（4人分）

- ゆでダコの足 … 150g
- 大根 … 300g
- にんじん … 150g
- 塩 … 小さじ2
- 〈甘酢（混ぜ合わせる）〉
  - 酢、水 … 各150mℓ
  - 砂糖 … 60g
- 昆布 … 5g
- ゆずの皮（せん切り）… ¼個分

1人分 96kcal　塩 0.7g

作り方

1. タコは一口大のそぎ切りにする。大根は皮をむき、5cm長さのマッチ棒くらいの細切りにする。にんじんは皮をむき、大根より少し細めに切る。ともに塩もみして10分ほどおき、水でさっと洗い、しっかり水気を絞る。

2. ボウルに甘酢、大根、にんじん、タコ、昆布を加え、表面にラップをぴったりとかぶせ、冷蔵庫で半日以上おく。器に盛り、ゆずの皮をちらす。

食感がよくて酸味がきいた紅白なますは、子どもの頃から好きでした。タコの旨みと弾力が華を添えます。

旬が同じ魚と野菜はよく合います。
タイを塩味でソテーすると、
とろりとからむ玉ねぎの甘みがひときわ。

フライパンでカリッと！焼き魚3品

焼き魚はフライパンで焼くと、皮がパリッと焼け、身はふっくら。後片付けもラクですよ。

サバのカリカリ焼き

カリッと焼いたサバに
担々だれのピリ辛味がよく合います。
食感のいい野菜とともに。

材料（2人分）

サバ（半身）… 1枚
塩 … 少々
小麦粉 … 適量
サラダ油 … 大さじ1
〈担々だれ〉
A｜もやし … 100g
　｜にんじん（せん切り）… 50g
　｜しめじ（ほぐす）… 1パック
　｜だし汁 … 400ml
B｜白練りごま、醤油、みりん
　｜　… 各大さじ2
　｜砂糖 … 小さじ1
C｜小ねぎ（小口切り）… 3本
　｜白炒りごま … 適量
　｜ラー油 … 小さじ1

1人分 442kcal　塩 3.4g

作り方

1. 鍋にAを入れ、煮立てて弱火にし、にんじんに火が通るまで煮る。Bを加えて調味する。

2. サバは小骨を除いて一口大に切り、両面に塩をふって小麦粉をまぶす。フライパンにサラダ油を熱し、サバを皮から両面がカリッとするまで焼いて器に盛る。別の器に温めた担々だれを盛り、Cをふる。サバを担々だれにつけながらいただく。

タイと玉ねぎのソテー

材料（2人分）

- タイ（切り身）… 2切れ
- 塩 … 少々
- 玉ねぎ … 1個
- A（混ぜ合わせる）
  - 酒 … 大さじ2
  - 醤油 … 大さじ1
- 粗びき黒こしょう … 適量
- サラダ油 … 大さじ2
- レモン（くし形切り）… ¼個
- 貝割れ菜 … 適量

1人分 269kcal　塩 1.8g

作り方

1. 玉ねぎは繊維を断ち切るように1cm幅に切る。
2. フライパンにサラダ油大さじ1を熱し、玉ねぎを炒める。しんなりしたらAを加えて、煮立ててからめ、黒こしょうを多めにふり、取り出す。
3. フライパンを洗って拭き、サラダ油大さじ1を熱し、塩をふったタイを皮を下にして入れ、フライ返しで押さえながら2分ほどカリッと焼く。裏返して2分ほど焼き、カリッとしたら器に盛り、玉ねぎ、レモン、貝割れ菜を添える。

タイの酒盗焼き

ふっくらとした身、パリッと焼けた皮に酒盗のコクが加わり、焼いて香り高い魚の漬け焼きに。

材料（2人分）

- タイ（切り身・半分に切る）… 2切れ
- カツオの酒盗 … 大さじ1
- A（混ぜ合わせる）
  - 酒、醤油、みりん … 各大さじ2
- 〈のり三つ葉おろし〉
  - 大根おろし … 150g
  - 三つ葉 … 3本
  - 焼きのり（全形）… ¼枚
  - 薄口醤油 … 少々
- すだち（くし形切り）… 1個

1人分 157kcal　塩 2.0g

作り方

1. Aにタイ、カツオの酒盗を入れて30分漬ける。
2. 大根おろしは水気をきる。三つ葉はさっとゆでて水にさらし、粗いみじん切りにする。のりは手でちぎる。ボウルに入れ、薄口醤油を加えて混ぜる。
3. 魚焼きグリルで、タイに漬けだれを塗りながら、焦がさないように両面を焼く。器に盛り、のり三つ葉おろし、すだちを添える。

一度食べれば、クセになる、パリパリ香ばしいおかか衣にやわらかな豆腐。

豆腐のおかか焼き たっぷり薬味のせ

材料（2人分）

木綿豆腐 … 1丁（300g）
〈おかか衣〉
　削り節 … 15g
　小麦粉 … 適量
　溶き卵 … 1個分
〈薬味野菜〉
　新しょうが（せん切り）… 20g
　青じそ（せん切り）… 5枚
　貝割れ菜（3等分に切る）
　　… 1/2パック
　長ねぎ（ごく薄い斜め切り）
　　… 1/3本
ごま油 … 大さじ2
醤油 … 適量

1人分 316kcal　塩 1.1g

作り方

1. 薬味野菜は合わせて水にさらしてシャキッとさせ、ざるに上げて水気をきる。
2. 豆腐はキッチンペーパーで包んで5分ほどおき、8等分に切る。小麦粉、溶き卵、削り節の順に衣をつける。
3. フライパンにごま油を熱し、豆腐の全面がカリッとするまで焼く。器に盛り、薬味野菜、醤油を添える。

ワザあり！豆腐料理

豆腐料理は『豆腐百珍』という名著にお任せして、ここでは、簡単でクセになる2品をご紹介。繰り返し作りたくなる名品です。

アサリだし豆腐のおひたし

旨いアサリのだし汁は、あっさり味でも、満足感たっぷり。

材料（2人分）

絹ごし豆腐 … 1丁
アサリ（殻つき）… 300g
長ねぎ（斜め薄切り）
　… 1/2本
A｜水 … 500ml
　｜酒 … 100ml
　｜昆布 … 5g
B｜薄口醤油、みりん
　｜　… 各大さじ2
すだち（薄切り）… 4枚

1人分 195kcal　塩 4.3g

作り方

1. アサリは砂抜き*し、殻をこすり洗いする。鍋にアサリ、Aを入れて火にかけ、アサリの殻が開いたらアクを取る。ざるでこし、アサリとだし汁に分け、殻から身を取り出す。
2. 豆腐はキッチンペーパーで水気を拭き、4等分に切る。アサリのだし汁にB、長ねぎ、豆腐を加えて煮立たない程度に10分ほど煮る。火を止め、アサリの身を戻し入れ、そのまま冷ます。温めて器に盛り、すだちを飾る。

＊アサリの砂抜き…アサリはバットに重ならないように入れ、1％程度（水500mlに塩小さじ1くらい）の塩水をひたひたに注ぐ。アルミホイルで蓋をし、最低1時間、できれば2～3時間おく。

PART 4

何度もリピートしたくなる 絶品！ご飯もの

公言している通り、
白いご飯は、何よりの好物。別格です。
炊きたての甘い香り。味つけしなくても、
こんなにおいしく食べられる食べものは、
白米以外にはありません。
どんな食材にも合い、
毎日食べても飽きることなく、いつでもおいしい。
そんな僕のご飯ものは、
具をのせてご飯をおいしく食べる、ではなくて、
ご飯の甘みが引き立つ、
米に味を吸わせてご飯が味わい深くなるというような
ご飯自体がおいしくなるものが基本です。
ご飯ものの主役は、ご飯ですから。
ご飯をわしわし食べたら、パワーが出ます。
ここぞ！という時のがんばりもききますよ。

梅のおにぎり

おにぎりをおいしく作るには、手を塩水でぬらし、多少熱くてもがまんして熱いご飯をにぎること。しょっぱい梅干しでご飯がぐんと甘くなります。

材料（3個分）

温かいご飯 … 400g
塩水 … 適量
梅干し … 1個
焼きのり … 適量

1個分 227kcal　**塩** 0.9g

作り方

梅干しは種を除いてちぎる。ご飯を3等分にし、塩水でぬらした手で三角形ににぎり、のりで巻き、梅肉をのせる。

味噌焼きおにぎり

地方でいただいたおばあちゃんの手作りは、味噌の香ばしさと塩気でご飯が甘く、とびきりの味でした。

材料（3個分）

温かいご飯 … 400g
A（混ぜ合わせる）
　味噌 … 大さじ4
　みりん … 大さじ2

1個分 299kcal　**塩** 3.0g

作り方

1. ご飯を3等分にして丸くにぎり、Aを両面にぬる。
2. フライパンを熱し、おにぎりの両面をこんがりと焼く。

ご飯は土鍋でややかために炊くのが好みです。

炊飯器で炊く

土鍋と同様、洗い米と同量の水を入れる。米はしっかり浸水させているので、炊飯器で炊く時は早炊きモードで炊いてください。

土鍋で炊く

米は洗って30分浸水させる（写真右）。ざるに上げて水気をきり（同左）、計量カップで洗い米の分量を計る。土鍋に洗い米と同量の水を入れ、ふたをして強火にかけ、沸いたら中火で5分、弱火で15分炊く。火を止めて5分蒸らす。

梅とろろかけご飯

材料（2人分）

温かいご飯 … 茶碗2杯分
大和芋 … 200g
卵黄 … 1個
梅干し（種を除き、包丁で叩く）… 2個
A | だし汁 … 80ml
  | 薄口醤油、みりん … 各大さじ1
B | 青じそ（せん切り）… 5枚
  | 練りわさび、白炒りごま … 各少々

1人分 436kcal　塩 3.4g

作り方

1 鍋にAを入れて火にかけ、ひと煮立ちしたら冷ましておく。

2 ボウルに大和芋をすりおろし、卵黄を加えて混ぜ合わせる。1を少しずつ加えてよく混ぜ、梅肉を加えて混ぜ合わせる。

3 茶碗にご飯を盛り、2をかけ、Bをのせる。

だし汁、卵黄、梅干しを混ぜると、
コクのあるとろろが梅風味になり、
ご飯がおいしくすすみます。

すだち飯

削り節、薬味野菜、のりの香りに
甘みと酸味がおだやかなすだちを搾れば、
香りぜいたくなご飯に。

材料（2人分）

温かいご飯 … 茶碗2杯分
A | みょうが（小口切り）… 1個
  | 小ねぎ（小口切り）… 5本
  | 焼きのり（全形）… 1枚
  | 削り節 … 5g
  | しらす干し … 20g
醤油 … 大さじ2
すだち … 2個

1人分 294kcal　塩 3.1g

作り方

1 のりはさっとあぶって手でちぎる。削り節はフライパンでから炒りする。

2 茶碗にご飯を盛り、Aをのせる。醤油を回しかけ、半分に切ったすだちを搾っていただく。

根菜和風カレー

それぞれの食感と味が楽しめる根菜に、
だしのきいたカレー。
簡単に作れてこのおいしさ。相当イケます。

材料（2人分）

温かいご飯 … 400g
A｜ れんこん … 100g
　｜ にんじん … 80g
　｜ 里芋 … 2個
　｜ ごぼう … 100g
豚バラ薄切り肉 … 150g
片栗粉 … 適量
カレー粉 … 大さじ2
B｜ だし汁 … 1ℓ
　｜ 醤油、みりん … 各大さじ3
　｜ 砂糖 … 大さじ1
バター … 10g
サラダ油 … 大さじ2

1人分 1036kcal　塩 4.7g

作り方

1. れんこん、にんじん、里芋は皮をむいて一口大の乱切りにする。ごぼうは皮をよく洗ってささがきにし、水でさっと洗う。豚肉は半分に切り、片栗粉をまぶす。

2. フライパンにサラダ油を熱し、Aを炒める。油がなじんだらカレー粉を加えて香りが立つまで炒める。Bを加えて一度煮立て、中火で野菜がやわらかくなるまで煮る。

3. 豚肉を加えて火を通し、とろみがついたらバターを加えて混ぜ、火を止める。器にご飯を盛り、カレーをかける。

和風といえば、野菜は根菜。里芋、にんじん、れんこんは同じくらいの大きさに、火が通りにくいごぼうは薄く切ると同じくらいの時間で煮えます。煮る前に炒めるとコクが出て煮くずれしにくく、おいしくなります。

材料（3〜4人分）

- 米 … 3合
- タイ（切り身）… 200g
- A | 水 … 450ml
  | 薄口醤油、酒 … 各45ml
  | 昆布 … 3g
- せり（小口切り）… 1/3束
- 白炒りごま … 大さじ1
- 塩 … 少々

全量 1969kcal　塩 8.6g

作り方

1. 米は洗って30分浸水させ、ざるに上げて水気をきる。タイは塩をふって10分ほどおき、水気を拭いて魚焼きグリルで両面を焼き、身をほぐす。

2. 炊飯器に米、Aを入れ、早炊きモードで炊く。炊けたら、タイの身をご飯にのせ、5分蒸らす。せり、白ごまを加えて混ぜる。

土鍋で炊く場合

作り方2 土鍋に浸水させた米、Aを入れ、炊く（P122参照）。その後は同様。

鯛めし

切り身を使うから、簡単に作れます。
炊きたての香りと旨みは格別。豪華なご飯ものです。

タイは米と炊かずに、焼いてほぐして蒸らす時に加えます。香ばしく、身もパサつかないのでよりおいしくなります。

トマトの炊き込みご飯

トマトの酸味で、さらりとご飯が食べられます。トマトからだしが出るので、だし素材は不要。黒こしょう、青じその香りをきかせます。

材料（2〜3人分）

- 米 … 1½合
- トマト（ざく切り）… 2個
- A │ 水 … 300㎖
  │ 薄口醤油、酒 … 各30㎖
- 青じそ（せん切り）… 5枚
- 粗びき黒こしょう … 適量

全量 1104 kcal　塩 6.0g

作り方

1. 米は洗って30分浸水させ、ざるに上げて水気をきる。
2. 炊飯器に米、トマト、Aを入れ、早炊きモードで炊く。炊き上がったら、トマトを少しつぶしながら混ぜ、青じそをちらし、黒こしょうをふる。

土鍋で炊く場合

作り方2　土鍋に浸水させた米、A、トマトを入れ、炊く（P122参照）。その後は同様。

かぼちゃの炊き込みご飯

材料（2〜3人分）

- 米 … 2合
- かぼちゃ（種、ワタを除いた正味）… 300g
- A │ 水 … 360㎖
  │ 酒 … 30㎖
  │ 薄口醤油 … 10㎖
  │ 昆布 … 5g
- みょうが（小口切り）… 2個
- 〈ふりかけ（混ぜ合わせる）〉
  │ 粉チーズ、削り節 … 各大さじ2
  │ 醤油 … 大さじ1
- 白炒りごま … 適量

全量 1328 kcal　塩 5.0g

作り方

1. 米は洗って30分浸水させ、ざるに上げて水気をきる。ボウルにAを入れて混ぜ、30分以上おく。かぼちゃは2㎝角に切る。
2. 炊飯器に1を入れて早炊きモードで炊く。炊き上がったら白ごまをふる。みょうが、ふりかけを、好みでかけていただく。

豚肉と根菜の炊き込みご飯

豚バラ肉と相性のいい根菜を一緒に炊いて豚肉の旨みを吸わせます。意外にもご飯はあっさり。

土鍋で炊く場合

作り方3 土鍋に浸水させた米、2、Bを入れ、炊く（P122参照）。その後は同様。

材料（4人分）

米 … 2合
豚バラ肉（塊）… 150g
A｜れんこん（5mm角に切る）… 80g
　｜ごぼう（5mm角に切る）… 50g
　｜にんじん（5mm角に切る）… 50g
B｜水 … 340mℓ
　｜薄口醤油、酒 … 各大さじ2
　｜昆布 … 5g
三つ葉（みじん切り）… 適量
粗びき黒こしょう … 少々

1人分 447kcal　塩 1.5g

作り方

1 米は洗って30分浸水させ、ざるに上げて水気をきる。ボウルにBを入れて混ぜ、30分以上おく。

2 豚肉は1cm角、4〜5cm長さくらいの棒状に切る。フライパンを熱し、豚肉に香ばしい焼き色がつくまで炒め、Aを加えて炒め合わせる。

3 炊飯器に米、2、Bを入れて早炊きモードで炊く。三つ葉をちらし、黒こしょうをふる。

炊くと、かぼちゃがふわっと溶けます。かぼちゃにもご飯にも合う、おかかチーズのふりかけを。

笠原将弘 ザ・ベスト
人気料理人が教えるおかず決定版

2020年12月10日 第3刷発行

発行人	長谷川主水
発行所	株式会社テレビ朝日
	IP推進部
	〒106-8001
	東京都港区六本木6-9-1
	☎03-6406-1977
編集人	加藤佳子
料理	笠原将弘
デザイン	細山田光宣、狩野聡子、鎌内 文
	(細山田デザイン事務所)
	横村 葵
写真	鈴木正美
編集	土居有香(株式会社メディエイトKIRI)
進行	成田知子
栄養計算	本城美智子
校正	西進社
営業	株式会社カノア
印刷・製本	大日本印刷株式会社

©tv asahi 2020 Printed in Japan
ISBN 978-4-88131-325-1 C0077¥1300E
定価…本体1,300円+税
乱丁・落丁はお取替え致します。

本書の一部あるいは全部のコピー、スキャン、デジタル化等の無断利用は、著作権法上での例外を除き禁じられています。本書を代行業者などの第三者に依頼してスキャンやデジタル化することは、個人や家庭内の利用でも著作権法違反です。

笠原将弘（かさはら・まさひろ）

日本料理「賛否両論」店主。「正月屋吉兆」で修業後、実家の焼き鳥店「とり将」を継ぎ、満席の店に。2004年、店の30周年を機に日本料理「賛否両論」（東京・恵比寿）を開店。焼き鳥店を営んでいた料理人の父親から受け継いだ技術、感性、料理センス、そして「若い人にも和食に親しんでもらいたい」という心意気からの良心的な価格設定などから、たちまち評判となる。家庭の和食文化の魅力を伝えるため、テレビ番組、レシピ本、雑誌などを通じて、和のレシピを発信。また、子どもの頃から和食に親しんでもらえるようにと2014年に「和食給食応援団」を結成し、各地の小学校を訪れ、食育活動を続ける。プライベートでは、仕事後のビールをこよなく愛する3児の父親。